Os Limites da Helenização

A interação cultural das civilizações grega, romana, céltica, judaica e persa

ARNALDO MOMIGLIANO

Os Limites da Helenização

A interação cultural das civilizações grega, romana, céltica, judaica e persa

Tradução:
CLAUDIA MARTINELLI GAMA

Jorge Zahar Editor
Rio de Janeiro

Título original:
Alien Wisdom. The Limits of Hellenization

Tradução autorizada da primeira edição em brochura publicada em 1990
por Cambridge University Press, de Cambridge, Inglaterra.

Jorge Zahar Editor Ltda.
rua México 31 sobreloja
20031 Rio de Janeiro, RJ

Capa: Tira Linhas Studio

Ilustração da capa: Mapa do reino de Alexandre, o Grande

Editoração eletrônica: TopTextos Edições Gráficas Ltda.

Impressão: Tavares e Tristão Ltda.

ISBN: 0-521-38761-2 (ed. orig., brochura)
ISBN: 85-7110-179-5 (JZE, RJ)

Sumário

Per mia madre,
presente sempre nel suo vigile amore
(Torino 1884 - campo nazista di sterminio 1943)
Sl. 79.2-3

Prefácio

A matéria deste livro foi apresentada em maio de 1973 na Universidade de Cambridge como Conferências Trevelyan e, em fevereiro-março de 1974, sob forma revisada, como Conferências A. Flexner no Bryn Mawr College. Mantive a forma de conferência, acrescentando apenas uma bibliografia a cada capítulo. Meu objetivo foi estimular a discussão a respeito de um assunto importante, sem ceder a especulações.

Devo muita gratidão às duas instituições que tão generosamente me convidaram e acolheram. Em Cambridge, me vi entre velhos amigos; no Bryn Mawr, ganhei novos amigos. Foi um período feliz em ambos os lugares. Gostaria de agradecer especialmente aos professores Owen Chadwick e M. I. Finley, de Cambridge, ao diretor Wofford, à professora Agnes Michels e ao professor Russell Scott, do Bryn Mawr.

A.M.

University College London
Agosto de 1974

1
Os Gregos e seus Vizinhos no Mundo Helenístico

CONSIDERAÇÕES PRELIMINARES

I

O historiador judicioso nunca cessará de meditar sobre o nariz de Cleópatra. Se aquele nariz tivesse agradado aos deuses como agradou a César e Antônio, um vago gnosticismo alexandrino poderia ter prevalecido em vez da disciplina cristã imposta pelas duas Romas, a antiga no Tibre e a nova no Bósforo. Ter-se-ia permitido aos celtas continuar recolhendo visco em suas florestas. Teríamos menos livros a respeito da rainha Cleópatra e do rei Artur, porém ainda mais livros a respeito de Tutancâmon e de Alexandre Magno. Mas um etruscólogo que falava latim, e não um egiptólogo que falava grego, trouxe para a Grã-Bretanha os frutos da vitória do imperialismo romano sobre o sistema helenístico. Temos de encarar os fatos.

Por sua vez, a vitória do imperialismo romano pode ser descrita como o resultado de quatro fatores: a nova orientação dada por Roma às forças sociais - ou seja, forças militares - da antiga Itália; a absoluta incapacidade de qualquer exército helenístico para enfrentar os romanos no campo de batalha; a penosa desagregação da civilização céltica e seus prolongamentos que prosseguiu durante séculos e, por fim, possibilitou aos romanos controlar as riquezas da Europa Ocidental do Atlântico até as regiões do Danúbio; e, por último, a cooperação de intelectuais gregos com políticos e escritores italianos na criação de uma nova cultura bilíngüe que deu sentido à vida sob o domínio romano. Só os judeus e os iranianos resistiram aos romanos, assim como haviam resistido aos selêucidas. Os judeus não tiveram oportunidade, mas no decorrer de suas labutas um de seus grupos minoritários alcançou a autonomia e desafiou o império romano de uma forma mais fundamental como jamais os antigos adoradores do Templo de Jerusalém desafiaram. Quanto à dinastia arsácida da Pártia, por volta de 247 a.C., reivindicou a independência e cumpriu a palavra. Durante nove séculos o Irã se manteve livre. Não só o seu exército, mas também a sua tradição religiosa, era uma força a ser levada em conta.

Quatro dos cinco protagonistas desta história - greco-macedônios, romanos, judeus e celtas - se encontraram pela primeira vez no período helenístico. De fato, para todos os efeitos práticos os gregos só descobriram os romanos, os celtas e os judeus depois de Alexandre Magno. Há nisso um traço de paradoxo. Durante séculos as colônias gregas prosperaram na Itália não muito longe de Roma. Pelo menos desde o século V a.C. Massalia estivera em contato direto com os celtas. Os judeus viviam numa região em que mercenários gregos freqüentemente estavam postados e que mercadores gregos visitavam com freqüência. Os iranianos, que cedo se livraram do controle helenístico e sempre escaparam ao de Roma, eram também a única nação que os gregos haviam conhecido e aquilatado antes de Alexandre. De fato, o império persa era uma outra história: havia dominado os gregos. Mas até para os iranianos a era helenística significou uma mudança em avaliação: o profeta Zoroastro tomou o lugar do rei Ciro como a figura iraniana mais característica. Roma substituiu a Pérsia como o império pelo qual os gregos eram diretamente desafiados. A essa altura, a Pártia era um estado remoto, embora temível: os magos tinham um pouco do prestígio da região misteriosa de onde vieram e ofereciam bens espirituais próprios.

Assim, a era helenística assistiu a um acontecimento intelectual de primeira categoria: a confrontação dos gregos com quatro outras civilizações, três das quais antes lhes tinham sido praticamente desconhecidas e uma que fora conhecida sob condições muito diferentes. Pareceu-me que a descoberta dos romanos, celtas e judeus pelos gregos e a sua reavaliação da civilização iraniana podiam ser isoladas como o tema destas conferências Trevelyan. Os pormenores não são bem conhecidos, mas o quadro geral é claro. Há, naturalmente, coisas a serem ditas também sobre o Egito e Cartago. Hermes Trimegisto emergiu do Egito mais ou menos na mesma época em que Zoroastro e os magos se tornaram figuras respeitadas entre os gregos. Terão de ser considerados conjuntamente. Em ambos os casos a escola platônica desempenhou um papel essencial. Embora Platão nunca tenha explicitado que Tot, o inventor da ciência, era idêntico a Hermes, a identificação é expressa por Aristóxeno de Tarento e Hecateu de Abdera (Estobeu 2, *Prooem.* 6, p. 20 Wachsmuth = Aristóxeno fr. 23 Wehrli; Diodoro 1.16). A busca de heróis culturais e guias religiosos nunca se restringia a um só país. Por volta do início do século II a.C. já abrangia brâmanes, magos, sacerdotes egípcios e druidas, como sabemos pelos autores citados por Diógenes Laércio em seu proêmio. O grupo continuou crescendo até Santo Agostinho, ou melhor, sua fonte, fazer com que incluísse todos os bárbaros: "Atlantici Libyes, Aegyptii, Indi, Persae, Chaldaei, Scythae, Galli, Hispani" (*Civ. dei* 8.9). Duas considerações, no entanto, me persuadiram a deixar o Egito à margem da minha investigação: primeira, desde Homero o Egito interessara aos gregos como um país difícil de ser abordado e com costumes intrigantes. Jamais foi tratado como uma potência política. Era antes um repositório de conhecimento invulgar. Heródoto deu duas razões essencialmente contraditórias para lhe dispensar tanto do seu tempo, primeiro que "na maioria dos seus hábitos e costumes os egípcios invertem exatamente os procedimentos usuais da humanidade" (2.35) e, segundo, que os gregos extraem tantas de suas noções religiosas e científicas dos egípcios que até mesmo aqueles "que são chamados seguidores de Orfeu e de Baco são na verdade seguidores dos egípcios e de Pitágoras" (2.81). Durante o período helenístico não houve, portanto, alteração notável na avaliação grega do Egito, embora fosse nova a ascensão de Hermes Trimegisto como um deus do conhecimento. Em segundo lugar, a cultura egípcia nativa declinou durante o período helenístico porque estava sob o controle direto dos gregos e passou a representar um estrato inferior da população. O "caráter hermético da língua e da escrita", como Claire Préaux denominou (*Chron. d'Égypte* 35, p. 151, 1943), tornou o sacerdote que falava egípcio - para não mencionar o camponês - singularmente incapaz de se comunicar com os gregos. A criação da literatura copta nas novas condições da cristandade indica a vitalidade dessa cultura oculta. Mas os gregos helenísticos preferiam as imagens fantasiosas de um Egito eterno ao pensamento egípcio de sua época.

A cultura cartaginesa, por outro lado, não declinou: foi assassinada pelos romanos, que, muito simbolicamente, doaram a principal biblioteca de Cartago aos reis númidas (Plín. *N.H.* 18.22). Eu falaria de muito bom grado sobre as idéias dos cartagineses, se ao menos as conhecêssemos. Cartago, como as cidades fenícias da Síria, se tornara cada vez mais helenizada. Aristóteles tratara Cartago finalmente como uma pólis grega. Por volta de 240-230 a.C. Eratóstenes reuniu cartagineses, romanos, persas e indianos como os povos bárbaros que mais se aproximavam dos padrões da civilização grega e especificou que os cartagineses e os romanos eram os mais bem governados (Estrabão 1.4.9, p. 66).

Na segunda guerra púnica Aníbal teve o apoio de historiadores gregos, como Silenus de Caleacte e Sosylus de Esparta, e, naturalmente, fez aliança com Filipe V da Macedônia. Na próxima conferência, apresentarei algumas indicações de que por volta de 190-185 a.C. havia na Grécia muitos que viam Aníbal como um possível salvador dos romanos. A difamação do caráter dos cartagineses seria encontrada no historiador Timeu, nascido na Sicília, ainda antes que alguns oradores e escritores romanos transformassem *Punica fides* em lema político. Mas é discutível se muitos gregos foram ou não enganados por tal propaganda. Políbio se recusou a acreditar nela (cf., por exemplo, 9.26.9; 31.21.6). Apesar de Catão e Cícero, e talvez Ênio, houve até escritores latinos que se recusaram a se unir ao coro: não existe nada muito errado no *Poenulus* de Plauto; Cornélio Nepos redigiu uma pequena peça extremamente solidária sobre Aníbal; Virgílio esteve a ponto de transferir *Punica fides* para Enéias. Só escritores gregos imperiais como Plutarco e Apiano aceitaram o que se tornara a descrição literária convencional dos cartagineses sem considerar que *Punica fides* tinha sua contrapartida em *Graeca fides*. Durante o século II a.C. deve ter havido um sentimento de perigo e interesses comuns entre gregos e cartagineses. Ele foi reforçado pela considerável contribuição de homens de origem fenícia à filosofia grega. Jâmblico dá nomes de pitagóricos cartagineses (*Vita Pythagor.* 27.128; 36. 267). Uma das poucas informações circunstanciais que temos dá a entender que, se os romanos não tivessem destruído Cartago, os intelectuais cartagineses, como os intelecutais gregos, se tornariam pró-romanos. Por volta de 163 um jovem cartaginês chamado Asdrúbal foi para Atenas e três anos depois entrou para a Academia sob a direção de Carneades. Ficou famoso com o nome grego de Clitômaco e em 127 foi reconhecido como o dirigente oficial de sua escola. Dedicou livros a L. Censorinus, cônsul em 149, e ao poeta Lucílio. Por volta de 140, louvou, ou talvez adulou, Cipião Emiliano. Não contradiz a sua devoção aos romanos o fato de ter escrito uma consolação para os cartagineses após a destruição da cidade em 146. Cícero ainda leu essa obra (*Tuscul.* 3.54) e, como era muito insensível a essas questões, não percebeu o horror da situação. Desperta curiosidade saber onde estavam os cartagineses a quem Clitômaco distribuiu a sua consolação. Ele fora apanhado na espiral que fez de seu contemporâneo Políbio o defensor da lei e da ordem romanas. Outro desses cartagineses desgarrados que no século II a.C. perambulavam entre a Grécia e Roma deve ser provavelmente reconhecido em Procles, filho de Eucrates, um cartaginês, a quem Pausânias cita duas vezes. Por uma das citações (4.35.4) ficamos sabendo que Procles comparou Alexandre com Pirro e considerou o primeiro superior em fortuna, mas o segundo um melhor tático. Na outra citação (2.21.6), ele parece ter tomado a Górgona Medusa morta por Perseu como integrante de um povo líbio selvagem: "ele (Procles) havia visto um homem desse povo trazido para Roma". Os nomes de Procles e seu pai, que soam a grego, são mais provavelmente sinais de helenização do que de uma origem grega. Procles estava utilizando sua inteligência no tipo de jogos intelectuais - interpretações racionalistas de mitos, comparações de chefes militares populares - que atraíam o público grego e romano. Também ele, de um modo mais superficial, parece ter sido apanhado na espiral greco-romana. Infelizmente, não há dados suficientes para fornecer um relato coerente de como os cartagineses e os gregos se viam nos séculos III e II a.C. e como Roma veio a se beneficiar com a situação - não menos pela importação de um escravo africano que se tornou o mais consumado dos dramaturgos helenizados da literatura latina, Terêncio.

Dedicarei, portanto, a principal parte da minha conferência ao estudo das relações culturais entre gregos, romanos, celtas, judeus e iranianos durante o período helenístico. Retrocederei à idade clássica da Grécia apenas na medida em que isso seja necessário à compreensão de épocas posteriores. O que desejo verificar é como os gregos vieram a conhecer e avaliar esses grupos de não-gregos em relação à sua própria civilização. Esperava encontrar interdependência, mas nenhuma uniformidade, na aproximação grega das diversas nações e na resposta dessas nações (quando identificável em nossos dados) à aproximação grega. O que não esperava encontrar - e o que de fato encontrei - foi um forte impacto romano sobre as relações intelectuais entre gregos e judeus ou celtas e iranianos assim que no século II a.C. o poder romano começou a ser sentido fora da Itália. A influência de Roma sobre as mentes daqueles que entraram em contato com ela foi rápida e forte.

II

A civilização helenística permaneceu grega na língua, nos costumes e sobretudo na consciência de si mesma. A suposição tácita em Alexandria e Antióquia, exatamente tanto quanto em Atenas, era a superioridade da língua e dos hábitos gregos. Mas nos séculos III e II a.C.

surgiram correntes de pensamento que reduziram a distância entre gregos e não-gregos. Os não-gregos aproveitaram em grau inédito a oportunidade de dizer aos gregos na língua grega algo sobre as suas próprias história e tradições religiosas. Isso significou que judeus, romanos, egípcios, fenícios, babilônios e até indianos (editos de Açoka) se inseriram na literatura grega com suas próprias colaborações: o que Xanto fez pelos lídios no século V a.C. se tornou um desempenho rotineiro. No panteão grego foram admitidos mais deuses estrangeiros do que em qualquer época desde a pré-história. Por sua vez, os bárbaros não só aceitaram os deuses gregos, como assimilaram muitos dos seus deuses gregos. Era um sincretismo assistemático que foi particularmente bem-sucedido na Itália (Etrúria e Roma), deixou sua marca em Cartago, na Síria e no Egito, foi malsucedido na Judéia, bastante insignificante na Mesopotâmia e afetou pelo menos a iconografia, senão a essência, da religião indiana por meio da arte gândara. A noção de um saber bárbaro conquistou estabilidade e aceitação entre aqueles que se consideravam gregos. Já nos séculos V e IV a.C. os filósofos e historiadores gregos haviam demonstrado um vivo interesse por doutrinas e costumes estrangeiros e tenderam a lhes reconhecer certo valor. A história dos estudos de Pitágoras com professores bárbaros já pode ser encontrada em fontes do século IV e talvez seja mais antiga. Hermes Trimegisto, Zoroastro e seus magos e, em menor grau, Moisés e Abraão se tornaram figuras respeitadas com doutrinas próprias sobre as ações da natureza. No entanto, a influência intelectual dos bárbaros só era sentida no mundo helenístico na medida em que eles eram capazes de se exprimir em grego. Nenhum grego lia os Upanixades, os Gathas e os livros da sabedoria egípcios. Era realmente muito difícil encontrar um não-judeu lendo a Bíblia em grego mesmo quando ela se tornou acessível nessa língua. Para todo falante de grego a única língua da civilização permanecia sendo o grego. Mesmo no século I d.C. o autor de *Periplus mari Erythraei* não consegue achar um feito maior para um rei da Etiópia - a fim de contrabalançar a sua famigerada avidez por dinheiro - do que o seu conhecimento do grego. Fílon, o Judeu, louvou Augusto por expandir o território do helenismo (*Leg. ad Gaium* 147).

O esforço dos habitantes locais para serem ouvidos pelos gregos era obviamente encorajado pela curiosidade dos gregos sobre os habitantes locais e, falando de modo geral, correspondia à situação política. Mas raramente os gregos tinham condições de verificar o que os habitantes locais lhes diziam - eles não conheciam as línguas. Por outro lado, sendo bilíngües, os habitantes locais astutamente faziam idéia do que os gregos desejavam ouvir e falavam de acordo com isso. Essa atitude recíproca não favorecia a sinceridade e o verdadeiro entendimento. Quando não havia premência, sobejavam a utopia e a idealização; onde havia um propósito imediato, prevaleciam a propaganda, a adulação e as acusações recíprocas. Apesar disso, o mundo mediterrâneo encontrara uma língua comum e a acompanhou uma literatura incomparavelmente aberta a toda sorte de problemas, discussões e emoções.

A singularidade de tal situação será mais evidente se a compararmos com o que pode ser denominado de a situação clássica do mundo antigo entre 600 e 300 a.C. Depois de *Vom Ursprund und Ziel der Geschichte*, de Karl Jaspers – o primeiro livro original sobre história a surgir em 1949 na Alemanha do pós-guerra –, tornou-se lugar-comum falar de *Achsenzeit*, o tempo axial, que incluía a China de Confúcio e Lao-tse, a Índia de Buda, o Irã de Zoroastro, a Palestina dos profetas e a Grécia dos filósofos, trágicos e historiadores. Há nessa formulação uma parcela muito real da verdade. Todas essas civilizações dominavam a escrita e apresentavam uma complexa organização política que conjugava governo central e autoridades locais, um cuidadoso planejamento das cidades, uma avançada tecnologia do metal e a prática da diplomacia internacional. Em todas essas civilizações existe uma profunda tensão entre as forças políticas e os movimentos intelectuais. Em toda parte se observam tentativas de difundir maior pureza, maior justiça, maior perfeição e uma explicação mais universal das coisas. Novos modelos de realidade, seja mística, profética ou racionalmente apreendida, são propostos como crítica e alternativa aos modelos dominantes. Estamos na idade da crítica – e a crítica social transpira até mesmo das intricadas imagens dos Gathas de Zoroastro. A personalidade dos críticos está fadada a emergir: eles são os mestres cujos pensamentos atualmente ainda valem e cujos nomes recordamos.

Não me cabe aqui tentar explicar os traços comuns de movimentos de naturezas tão diferentes como os que mencionamos. O que nos importa é que eram independentes uns dos outros e, pelo que sabemos, se ignoravam. Durante o império persa, o aramaico não atuou como língua internacional da mesma forma que o grego atuou no período após Alexandre. O aramaico não penetrou profundamente na Grécia ou na Itália. Há exceções. Eu tomaria como uma delas as cartas em caracteres assírios enviadas da Pérsia para Esparta que os atenienses interceptaram e conseguiram traduzir em 425 a.C. – pois seguramente por *Assyria grammata* Tucídides deve se referir a um texto aramaico (4.50). Se Demócrito, de quem se acredita tenha se apropriado dos provérbios de Ahiqar, na verdade não os conhecia, pelo menos Teofrasto conhecia (Diόg. Laérc. 5.50; Clem. Alex. *Stromata* 1.15.69). Mas a parcela da literatura aramaica que entrou em circulação internacional deve ter sido limitada em quantidade e variedade. A mescla de hebraico e aramaico que encontramos em dois livros da Bíblia sugere que, pelo menos entre os judeus, o aramaico era escrito para um público que não era mais internacional do que aquele capaz de ler hebraico. Na verdade, mesmo ao utilizar o grego, com muita freqüência os judeus se mantinham bilíngües para o próprio consumo, mas o volume de sua apologética produção em grego indica que visavam os leitores gentios. Não consigo ver qualquer intenção desse tipo nos Livros de Esdras e de Daniel.

Achsenzeit, o tempo axial, é o desenvolvimento de várias civilizações em linhas paralelas. Caracteristicamente, o *Achsenzeit* não está centrado na Mesopotâmia e no Egito, duas civilizações que mantinham muito contato entre si e com a Pérsia, a Judéia e a Grécia. Mas a Mesopotâmia e o Egito ainda viviam em um mundo que fora construído no segundo milênio sobre o poder da monarquia - a monarquia divinamente protegida da Mesopotâmia e a monarquia divina do Egito. Não tiveram de enfrentar protestos e reformas no meio do primeiro milênio a.C. No Egito predominava uma moralidade do silêncio e a Mesopotâmia - quer assíria, quer caldéia - parece ter se aplicado mais em conquistar os outros do que em criticar a si mesma. Os homens da Grécia, Judéia, Irã, Índia e China que transformaram os seus países mediante suas críticas à ordem tradicional não se comunicaram e não criaram uma civilização internacional. O que constitui a novidade da idade helenística é que ela proporcionou circulação internacional às idéias, embora reduzisse fortemente o seu impacto revolucionário. Comparada ao tempo axial precedente, a idade helenística é dócil e conservadora. Até São Paulo entrar em cena, a atmosfera geral é de respeitabilidade.

O que acentua a fisionomia singular da civilização helenística é o papel especial que dois grupos estrangeiros - os judeus e os romanos - vieram a desempenhar nela. Os judeus permaneceram basicamente convencidos da superioridade de suas crenças e maneiras de viver e lutaram por elas. No entanto, compararam continuamente as suas idéias com as idéias gregas, fizeram propaganda das próprias crenças, absorvendo muitos costumes e noções gregas no processo - e por fim se acharam envolvidos naquela confrontação geral de valores gregos e judeus que denominamos cristianismo. Os romanos nunca levaram tão a sério as suas relações intelectuais com o helenismo. Agiam a partir de uma posição de força e preservaram com facilidade um forte sentimento de sua identidade e superioridade. Pagavam aos gregos para lhes ensinarem o seu saber, e muitas vezes sequer tinham de pagar pois eram seus escravos. Entretanto, ao assimilar e tornar seus tantos deuses gregos, convenções literárias, formas artísticas, idéias filosóficas e costumes sociais, colocaram a si mesmos e aos gregos numa situação recíproca inigualável, tanto mais porque fizeram da própria língua um instrumento de pensamento que podia rivalizar com o grego e transmitir as idéias gregas com excepcional precisão (embora os gregos nunca tenham aceitado inteiramente o fato). Nenhuma outra língua antiga conseguiu fazer isso. Não era simplesmente uma conseqüência da semelhança entre as línguas indo-européias, pois o celta, o persa, o sânscrito e o páli também eram línguas indo-européias. Desde o século III a.C. existira um helenismo latino, jamais idêntico ao grego, porém jamais separável dele. Os homens que o criaram se tornaram em dois séculos os senhores do mundo de fala grega. Depois disso, a distinção entre helenismo grego e romano permaneceu válida, mas não havia barreira política entre os dois e a revolução cristã os envolveu.

A comparação entre a era axial e a era helenística serve também para nos recordar que o helenismo ainda influencia nossa atitude para com as civilizações antigas. Desde a época de Átila muitos fatores contribuíram para a erosão da visão de mundo helenística, mas o *homo Europaeus* se manteve intelectualmente condicionado por seus antepassados helenísticos. O triângulo Grécia-Roma-Judéia ainda está no centro e é provável que permaneça no centro enquanto o cristianismo continuar sendo a religião do Ocidente. A Pérsia, a Mesopotâmia e o Egito se mantêm mais ou menos onde a erudição helenística os colocou como detentores do saber bárbaro. Ainda se dá lugar de destaque em nossos compêndios aos fenícios, e em particular aos cartagineses, por suas instituições e colonização porque os gregos se reconheciam nessas coisas. Os celtas, que foram apenas superficialmente tocados pela civilização helenística e representavam o maior terror para gregos e romanos, foram simplesmente deixados fora do horizonte do tradicional mundo ocidental civilizado. A imagem que damos deles ainda é a de Posidônio. Permite-se que Vercingétorix, Boadicéia e alguns druidas lembrem aos alunos da comunidade européia que os celtas de fato existiram na época dos romanos. O conhecimento médio acerca da

Índia de um homem instruído atual não é superior àquele a ser encontrado em escritores gregos e romanos. Até hoje não há obrigação em nosso currículo tradicional de se conhecer qualquer coisa acerca da China porque os gregos e os romanos não conheciam nada ou quase nada a respeito dela. O século XVIII executou a maior operação de resgate de civilizações esquecidas que a humanidade já testemunhou. Os chineses, os indianos e os celtas foram os beneficiados mais importantes. Mas as conseqüências só foram sentidas por professores universitários, filósofos, poetas e excêntricos. A cultura helenística interferiu nos desenvolvimentos paralelos de culturas individuais que nos séculos anteriores se haviam estendido da China à Grécia. Ela reconheceu e ao mesmo tempo limitou a importância do Egito, da Mesopotâmia e sobretudo do Irã. Criou uma situação privilegiada de estímulo e desafio mútuos entre gregos e romanos e, numa área mais limitada, entre judeus e gregos.

III

A situação especial de Roma nesse triângulo é que merece a atenção maior e virá em primeiro lugar em nossa consideração. Não havia desafio nas relações iniciais entre romanos e gregos. A Roma monárquica vivia sob a influência da cultura etrusca e a cultura etrusca absorveu uma imensa quantidade de deuses gregos. Cada nova descoberta arqueológica enfatiza os contatos estreitos dos gregos com os etruscos no século VI. A revelação mais recente é o estabelecimento grego em Graviscae, um dos portos de Caere, com o seu templo e a sua oferenda votiva grega de Sóstrato de Egina. Sabemos agora onde esse homem enriqueceu: na Itália, e não em Tartesso, como fora erroneamente deduzido a partir de Heródoto 4.152.

O exemplo da Etrúria nos adverte que a assimilação de muitas técnicas e noções não significa necessariamente um verdadeiro entendimento entre duas civilizações. Os etruscos permaneceram misteriosos para os gregos - uma das muitas razões por que ainda são misteriosos para nós. Se os romanos tivessem seguido a trajetória etrusca, Heráclides do Ponto não teria chamado Roma de cidade grega, *polis hellenis*, já na metade do século IV a.C. (Plut. *Cam.* 22). A mesma idéia pode ter sido sugerida por Aristóteles quando atribuiu a fundação de Roma a aqueus que voltavam de Tróia (Dionís. Hal. 1.72.3). As histórias a respeito de certo parentesco entre romanos e gregos obtiveram crédito porque Demétrio Poliorcetes se referiu ao "parentesco entre romanos e gregos" quando protestou em Roma contra os piratas de Anzio - provavelmente após 295 a.C. (Estrabão 5.3.5, p. 232). Durante os séculos V e IV a.C. duas características contrastantes marcam as relações entre Roma e o mundo grego. De um lado, as relações comerciais devem ter diminuído porque houve menos importações gregas do que no século VI. Os gregos metropolitanos percebiam Roma apenas como uma cidade na distância indistinta. E mesmo os gregos ocidentais, com exceção de Massalia, lhes prestaram muito pouca atenção. A tradição cronista tem poucos fatos a relatar: algumas compras de cereais em épocas de escassez e a oferta a Delfos após a destruição de Veii. Nenhum escritor grego viajou a Roma e nenhum historiador grego narrou a sua história. De outro lado, o desenvolvimento social de Roma a separou da Etrúria e a assemelhou a uma cidade grega, e foi isso que Heráclides do Ponto reconheceu.

A organização centurial serviana - inspirada ou não pelo modelo soloniano das quatro classes - fez de Roma uma cidade timocrática. As Doze Tábuas - moldadas ou não na legislação grega - proporcionaram a Roma uma constituição escrita do tipo grego. A emancipação da *plebs* e a sua progressiva participação no governo parecem não ter paralelo na Etrúria, mas são facilmente compreensíveis em termos gregos. E, o que é mais importante, a *plebs* romana parece ter se interessado especialmente pela religião e pelos preceitos morais gregos. O templo de Ceres - Deméter - que foi inaugurado em 493 a.C. era considerado um santuário plebeu - foi decorado por artistas gregos e tinha uma sacerdotisa grega (Plín. *N.H.* 35.154; Cíc. *Pro Balbo* 55). A instituição do conselho misto patrício-plebeu de *Xviri sacris faciundis* coincide com a total paridade das duas classes nas leis de Licínio e Séxtio de 367 a.C. Os membros do conselho tinham presumivelmente de saber um pouco de grego se tinham de consultar os livros sibilinos. Por fim, é curioso que os dois primeiros cognomes gregos na onomástica romana pertençam a dois cônsules plebeus: Q. Publilius Philo, cônsul em 339 e 327 a.C., e P. Sempronius Sophus, cônsul em 304 a.C. Se a divulgação em Roma, por volta de 435, do culto grego a Apolo se deveu à iniciativa plebéia, é uma questão para a qual não existe resposta. Obviamente, Roma possuía magistrados capazes de lidar com os gregos segundo normas diplomáticas adequadas quando se envolveu com eles durante a conquista da Itália meridional nas últimas décadas do século IV. Por volta de 333, Roma fez uma espécie de tratado com Alexandre, o Molosso, durante a sua campanha italiana;

o súbito desaparecimento de Alexandre retirou do acontecimento a sua importância potencial. Sete anos depois, Nápoles se tornou aliada do *aequo iure* de Roma. Significativamente, foi a um cônsul de sobrenome grego, Q. Publilius Philo, que foi confiada a ofensiva na Campânia que levou a esse pacto em 326.

Roma, não a Grécia, preparou as condições que iriam tornar as relações entre ambas um caso tão singular. Os gregos não foram além daquele mínimo de atenção que a sua posição exigia. Observaram o saque de Roma pelos gauleses, porque Massalia não podia negligenciar um tal movimento das populações célticas e porque os invasores constituíam um perigo também para a Magna Grécia, além de serem utilizados por Dionísio I como mercenários. Os romanos resolveram decifrar os gregos, tentaram aprender a língua, aceitaram deuses gregos e reformularam a sua constituição segundo orientações que alguns gregos reconheceram como semelhantes às suas próprias constituições. No final do século IV, os aristocráticos Fábios, que até então tinham sido reconhecidos como especialistas em língua etrusca e assuntos etruscos, resolveram se voltar para a língua e a arte gregas e para a diplomacia no mundo helênico. O que levou C. Fábio Pictor a pintar o templo de Salus em 302 a.C. - "sordidum studium" (Val. Máx. 8.14.16) - ainda é motivo de conjeturas. Mas em 273 dois dos três embaixadores junto a Ptolomeu Filadelfo eram Fábios (Val. Máx. 4.3.9).

Os gregos não reagiram - ou melhor, não foram além da superfície da vida romana - até se acharem diante de uma potência de primeira classe que derrotara os exércitos gregos de Pirro em campo aberto. Os Ptolomeus, por serem os vizinhos dos cartagineses que eram aliados dos romanos, foram os primeiros reis helenísticos a tentar se tornar amigos da nova e inesperada potência. Timeu, historiador siciliano embora residente em Atenas, foi o primeiro a reunir amplas informações sobre o passado dos romanos. Ele não foi o primeiro a se interessar por Roma - Teofrasto, com certeza, e talvez Cálias de Siracusa o antecederam. Hierônimo de Cárdia, contemporâneo seu, fez uma digressão sobre Roma em sua história dos diádocos. Ninguém mais, porém - ao que saibamos - deu tanta atenção e tanto espaço a Roma quanto Timeu, e ninguém mais foi tão influente. Ele tinha uma data própria para a fundação de Roma, colheu informações diretas sobre os penates de Lavínio, descreveu o ritual do cavalo de outubro no Campo de Marte, atribuiu a Sérvio Túlio a adoção da cunhagem etc. Obviamente, ele dispunha de um relato minucioso sobre as origens de Roma. Após ler algumas coisas de Timeu, não vejo motivo para duvidar de que Licofrão escreveu *Alexandra* por volta de 270 a.C. Se for assim, as linhas 1.226-31 devem ser interpretadas como um reconhecimento da nova situação mediante uma fórmula tradicional: agora, Roma domina a terra e o mar. Mas se alguém se recusa a acreditar que por volta de 270 a.C. Licofrão podia dizer a respeito dos romanos: "E depois disso a fama da raça dos meus antepassados será exaltada ao máximo pelos seus descendentes que com as suas lanças conquistarão a primeira coroa da glória, obtendo o cetro e a monarquia da terra e do mar", não discutiremos sobre a data de *Alexandra*. Já se escreveu bastante sobre isso. Há outras indicações de que os gregos começaram a perceber as peculiaridades da vida social romana e do comportamento romano em questões internacionais. Na verdade, o famoso conjunto de valores romanos - *fides, constantia, severitas, gravitas, dignitas, auctoritas* etc. etc. - foi descoberto pela primeira vez durante a Primeira Guerra Mundial por professores alemães e ajudou os seus alunos a marcar passo enquanto Hitler estava resolvendo o que fazer com os clássicos. Mas alguns aspectos romanos característicos foram realmente apreciados pelos gregos no século III a.C.

A *fides* romana chegou às moedas da Lócrida aproximadamente em 274 a.C. (B. V. Head, *Historia Numorum*², 104); a *devotio* de Décio em Sentino aparentemente atraiu a atenção do historiador contemporâneo Duris (76 F 56 Jacoby); a repreensão exemplar de uma *matrona* romana a seu filho foi relatada por Calímaco em *Aetia* (fr. 107 Pfeiffer). Eratóstenes admirava o sistema político romano e o cartaginês (Estrabão 1.4.9). Aristos de Salamis, em Chipre, que provavelmente viveu na metade do século III a.C., é citado por Arriano (7.15.5) como tendo sido um dois historiadores que não só se referiu a uma embaixada dos romanos junto a Alexandre Magno, como também fez Alexandre profetizar a futura grandeza de Roma, de tão impressionado que ficou pelos emissários. Infelizmente, o texto de Arriano é ambíguo acerca da autoria da profecia. No final do século, Filipe V da Macedônia apresentou a política romana relativa à cidadania como um modelo aos relutantes habitantes de Larissa (*Syll.*³ 543). Esses são exemplos repisados, mas demonstram que os gregos, ainda que vagamente, estavam descobrindo em Roma algo que não possuíam.

É agradável pensar nos Fábios aprendendo grego, ao mesmo tempo que os gregos admiravam a *fides* romana. Mas talvez devamos dar mais atenção a outro fato. O período decisivo da assimilação da cultura grega em Roma é o das primeiras duas guerras púnicas. Enquanto lutavam contra Cartago, os romanos aprenderam grego e incorporaram costumes e conhecimentos gregos com rapidez crescente. Não houve crescimento correspondente no interesse grego por Roma. Pode-se até perceber um declínio de atenção para com as peculiaridades romanas. Agora que os vencedores de Pirro estavam envolvidos num conflito aparentemente infindável com Cartago, os romanos pareciam se retirar do horizonte dos intelectuais gregos. Entre as sutis observações do período de aproximadamente 270-240 a.C. e a adulação de poemas como o de Melinno - que, embora sem data, se coloca naturalmente no início do século II - temos de reconhecer um intervalo. Mas 240-200 a.C. foram exatamente os anos em que a epopéia, a tragédia, a comédia e a historiografia gregas se tornaram parte do modo de viver romano. Por que os romanos se lançaram à difícil tarefa de absorver a cultura de uma nação estrangeira exatamente quando estavam envolvidos em guerras extenuantes com outra nação estrangeira continua a ser um desses enigmas que caracterizam as nações em suas horas mais inescrutáveis e decisivas. Sem dúvida, a colaboração com as aristocracias gregas ou helenizadas da Itália meridional e da Sicília se tornara essencial para Roma. Mas essa explicação não é suficiente. A assimilação da língua, dos costumes e crenças gregos é indistinguível da criação de uma literatura nacional que, com toda a imitação de modelos alheios, foi imediatamente original, autoconfiante e agressiva. Dificilmente poderia haver um par de personalidades mais irreprimível do que Névio e Catão, os criadores respectivamente da epopéia nacional e drama romanos e da prosa literária latina. A criação dessa literatura em latim envolveu homens cuja língua nativa era sem dúvida o latim ou provavelmente não era: a primeira língua de Lívio Andrônico era o grego; Ênio falava osco; Névio, como era campânio, provavelmente também falava osco quando criança; Plauto deve ter sido educado em úmbrio, e Terêncio evidentemente começou com o púnico. O comediógrafo Estácio Cecílio era falante de celta por nascimento, um ínsubre da Itália setentrional (São Jerônimo, *Chron.* a. 1838, p. 138 Helm), e aparentemente o primeiro escritor gerado pela orgulhosa cidade de Milão. Eu seria mais cauteloso quanto a M. Pacúvio, o tragediógrafo, parente de Ênio. Originava-se de Brundisium, o local onde foi encontrada a mais famosa inscrição messápia (Whatmough nº 474), mas em 244 a.C. Brundisium se tornou colônia latina e manteve ligações duradouras com a Tarentum grega, para a qual Pacúvio por fim se retirou. Ele pode ter falado apenas grego e latim.

Restou aos aristocratas romanos escrever em grego - ou em obras históricas ou em discursos formais. Não por acaso. Os romanos tinham uma antiga tradição de escrever crônicas que se manteve nas mãos de pontífices aristocráticos. Somente um aristocrata romano - talvez ele próprio um pontífice - como Fábio Pictor conseguiu quebrar essa tradição e tornar a versão nativa da história romana acessível ao público instruído em geral, como estavam fazendo os habitantes de outros países. Foi escrevendo história em grego que Fábio Pictor revolucionou a história em Roma. Não deve nos surpreender que também tenha utilizado fontes gregas quando elas estavam disponíveis, tal como Diocles de Peparethus acerca de Rômulo (Plut. *Rom.* 3.80). Fazer discursos públicos em grego era mais temerário. Há indicações de que os romanos fizeram papel ridículo diante de platéias gregas experimentadas. Em 282 a.C., o grego deficiente de L. Postumius Megellus despertou hilaridade em Tarentum e contribuiu para a guerra subseqüente (Dion. Hal. 19.5; Apian. *Samn.* 7). Mas lentamente surgiu uma diferença capital entre romanos e gregos. Flamínio (Plut. *Flam.* 6), pai dos Gracos (Cíc. *Brutus* 20.79), e Lutatius Catulus (Cíc. *De orat.* 2.7.28) falavam grego fluentemente. O modelo de procônsul intolerável e infeliz, P. Licínio Crasso Dives Muciano, cônsul em 131, podia replicar aos peticionários gregos em cinco dialetos diferentes (Val. Máx. 8.7.6; Quint. *Inst. Orat.* 11.2.50). Cabia ao romano resolver se falaria a um público grego em latim ou em grego - ou seja, com ou sem intérprete - e Emílio Paulo conseguia passar habilmente de uma língua para a outra (Lív. 45.8.8; 29.3). Somente no caso de Catão podemos suspeitar de que ele não tinha alternativa senão falar em latim, embora Plutarco esteja convencido de que, se desejasse, ele podia ter falado em grego (Plut. *Cat.* 12).

Os gregos, pelo que sei, nunca tiveram escolha. Só podiam falar aos romanos em grego e cabia aos romanos decidir se queriam intérprete ou não. Devemos supor que em 280 a.C. Cineas discursou em grego no Senado romano e foi traduzido por um intérprete (Plut. *Pyrrh.* 18). Em 155 a.C. um intérprete é especificamente mencionado para a missão dos três filósofos em nome de Atenas: o intérprete era um dos senadores, C., Acilius (Aul. Gell. *N.A.* 6.14.9; Macr. *Sat* 1.5.16). Na época de Sula, Apolônio Mólon foi ouvido no Senado romano sem auxílio de intérprete (Val. Máx. 2.2.3).

Com essa tranqüila assimilação da cultura grega, não havia dificuldade especial para adornar uma família com ascendência grega em competição com as famílias troianas mais bem estabelecidas. No final do século III a.C., a tradição de um povoamento arcadiano no Lácio foi aceita por Fábio Pictor (fr. 1 Peter). Supõe-se que Evandro tenha difundido no Lácio um dialeto grego que, devidamente alterado, se transformou no latim (Varrão fr. 295 Funaioli; Dion. Hal. 1.90.1). Os sabinos se assemelhavam a austeros lacedemônios modernos. Eles adquiriram ascendência espartana (Dion. Hal. 2.49; Plut. *Num.* 1.1). Segundo Sérvio, *ipse* Catão contou a história de que o lacônio Sabus, um contemporâneo de Licurgo, migrou para o Lácio (fr. 51-2 P.). Os sabinos Cláudios se tornaram naturalmente os patronos de seus parentes espartanos (Suet. *Tib.* 6.2; cf. Dio. 54.7.2; Sílio Itálico 8.412). Os Fábios replicaram reivindicando descendência de Hércules. O mais antigo testemunho que conheço da devoção especial dos Fábios por Hércules remonta a Fábio Cunctator na segunda guerra púnica (Plín. *N.H.* 34.40). É praticamente certo que Friedrich Muenzer estava equivocado ao considerar a lenda herculana dos Fábios uma invenção de um arqueólogo augustano (P. -W., s.v. Fabii). É verdade, no entanto, que em geral os aristocratas romanos eram cautelosos quanto a origens divinas. Antepassados gregos ou troianos já eram suficientes para sustentar as suas reivindicações de poder.

É claro que não tenho intenção de sugerir que essa revolução intelectual e, implicitamente, política avançou sem transtornos. Em 173 ou em 154 a.C. filósofos epicuristas foram expulsos de Roma (Aten. 12.547a). Em 161 houve um *senatus consultum* proibindo a residência em Roma a filósofos e retóricos (Suetôn. *De gramm. et rhetor.* 25 Brugnoli; cf. Aul. Gél. *N.A.* 15.11.1). As atitudes contraditórias de Catão não necessitam de outras explanações. Catão provavelmente conhecia melhor do que qualquer dos seus contemporâneos latinos a teoria helenística historiográfica, agrícola e militar, mas se entregava a uma fúria simulada contra os escritores gregos e sobretudo contra os médicos gregos: "iurarunt inter se barbaros necare omnes medicina" (Plín. *N.H.* 29.14). Uma geração antes, Névio fora reduzido ao silêncio após um conflito com o aristocrata Metelo. Ele foi a princípio aprisionado e depois obrigado a deixar Roma; diz-se que morreu na cidade púnica de Utica, local singular para um intelectual romano em desgraça ir (São Jerônimo, *Chron.* a. 1816, p. 135 Helm). Os pormenores são incertos demais para qualquer discussão proveitosa, mas o significado do episódio é que, por volta de 200 a.C., um escritor romano se iludira sobre as suas possibilidades de introduzir em Roma a liberdade de palavra ateniense do século V (Cíc. *Verr.* Actio prima, 1.10.29 e Ps. -Asconius *ad. l.* p. 215 Stangl). Os intelectuais gregos e romanos tiveram de aprender que em Roma a helenização subentendia respeito pela ordem dominante. A maioria dos escritores se sujeitou e foi recompensada. Lívio Andrônico, ex-escravo grego, alcançou respeitabilidade e influência; foi-lhe permitido ter o seu próprio "collegium", um privilégio cobiçado (Festo p. 333 M. = 446 L.). Ênio foi levado da Sardenha para Roma por Catão: uma informação (Corn. Nep. *Cato* 1.4) que não me parece ter sido invalidada pelo professor E. Badian (*Ennius*, Fondation Hardt *Entretiens* XVII, p. 155-6, 1972). Cícero descreveu Ênio como amigo dos Cipiões (Cic. *Pro Arch.* 9.22) e dos Fúlvios Nobiliores (*Tusc.* Disp. 1.3; *Brutus* 79). Terêncio desfrutava do convívio de Cipião Emiliano e C. Lélio. Pelos prólogos de *Heautontimorumenos* e *Adelphoe*, ficamos sabendo que os seus rivais tentaram desacreditá-lo por isso. Refém em Roma desde 167, Políbio entrou naturalmente para o mesmo círculo em condições de clientela semelhantes.

Vista como um todo, a assimilação da cultura e da língua gregas foi fácil e rápida. Os filósofos e retóricos gregos se tornaram parte da forma de vida romana. Em 92 a.C., quando alguém tentava instalar uma escola de eloqüência em latim - presumivelmente para atender alguma causa *popularis* -, os censores da época se mostravam firmemente contrários; eles se declaravam a favor da retórica grega e contra a latina (Suet. *De gramm. et rhetor.* 25; Cíc. *De orat.* 3.14.93). Como se poderia esperar, os professores de eloqüência latina também logo se tornaram respeitáveis. Mas Cícero contou a um de seus correspondentes que fora dissuadido pelos mais velhos e superiores de freqüentar tal escola: "continebar autem doctissimorum hominum autoritate" (Suet. *De rhetor.* 26). O grego se tornou praticamente compulsório para a sustentação do império romano.

Nunca poderemos determinar quanto do sucesso do imperialismo romano está implícito nesse esforço deliberado dos romanos para aprender a se exprimir e pensar em grego. Nem podemos fazer mais do que conjeturar sobre as conseqüências do desconhecimento do latim por parte dos gregos. Gaetano Salvemini costumava afirmar que Mussolini acabou em desgraça porque sempre dizia *Ja* a Hitler no momento errado. Vaidoso, Mussolini não queria admitir que o seu alemão era insuficiente para uma conversa diplomática. Os gregos pelo menos não tentaram ocultar o seu desconhecimento do latim. Mas será que eles compreenderam inteiramente como era temível essa nação que conseguiu persuadir homens da Magna Grécia, Campânia, Úmbria e África a utilizar o seu conhecimento do grego para a criação de uma literatura em latim? No período 160-60 a.C. houve gregos que estudaram a história e as instituições romanas, não para lisonjear os romanos (como tantos fizeram), mas para entender as conquistas romanas. Na próxima conferência, teremos de nos perguntar em que medida eles foram bem-sucedidos com tão pouco latim à sua disposição. O grego compulsório, todos nós concordamos, é indispensável à manutenção de um império - mas o latim compulsório é necessário para salvar alguém de um império?

2
Políbio e Posidônio

Quantas lágrimas estão subentendidas na simples palavra grega *edákruen*, "ele chorou"? Pode-se confiar nos eruditos versados nos clássicos para responder a tais perguntas. A ocorrência é famosa, os protagonistas são ilustres. Cipião Emiliano chorando por Cartago em chamas, Políbio convenientemente presente e pronto a obter a resposta certa: "Voltando-se em seguida para mim e agarrando a minha mão, Cipião disse - Um momento glorioso, Políbio, mas tenho um terrível pressentimento de que um dia a mesma sentença será proferida contra o meu país" (38.21.1). O texto mutilado da passagem de Políbio nos foi transmitido por *Excerpta de sententiis* e a palavra-chave *edákruen*, "ele chorou", tem de ser suprida com base em Diodoro (32.24) com a corroboração de Apiano, *Punica* 132 - sabe-se que eles utilizaram Políbio direta ou indiretamente. O complemento parece estar correto. Cipião chorou de fato e portanto os eruditos versados nos clássicos têm o direito de perguntar quantas lágrimas ele derramou. Como observa o Professor A. E. Astin em seu livro muito valioso sobre Cipião Emiliano (1967): "Por *edákruen* Diodoro (Políbio) não tem necessariamente de querer dizer que Cipião derramou uma torrente de lágrimas, que ele realmente chorou. Também é possível imaginar olhos úmidos, com uma ou duas lágrimas escorrendo em cada face, e isso seria muito mais compatível com o elogio de Políbio ao comportamento de Cipião, o de 'um grande e perfeito homem, em suma um homem digno de ser lembrado' " (p. 285).

Se os eruditos versados nos clássicos têm o direito de contar lágrimas, não deviam porém permitir que preconceitos colegiais perturbassem a sua apreciação histórica. Políbio estava preparado para aceitar muitas e muitas lágrimas de seu ilustre amigo e protetor. Ele registrara com calorosa aprovação as lágrimas de Antíoco III quando o rebelde Aqueu lhe foi trazido "de mãos e pés atados" (8.20.9). Ele narra as lágrimas de Cipião Maior ao avaliar as humilhações a que as damas nobres estavam submetidas após ele tomar Carthago Nova (10.18.13). Políbio não inventou essas situações. É praticamente certo que foi de uma fonte romana - uma carta autobiográfica de Cipião Nasica - que Plutarco extraiu a sua descrição de Emílio Paulo, pai de Cipião Emiliano, ao receber o rei Perseu como prisioneiro: "Emílio viu nele um grande homem cuja queda se devia ao ressentimento dos deuses e à sua própria má sorte, e se ergueu e foi ao seu encontro, acompanhado pelos amigos e com lágrimas nos olhos" (*Aem. Paul.* 26.5-6). No relato de Plutarco e portanto (segundo creio) de Cipião Nasica, foi um ensejo para Emílio Paulo se entregar a um discurso sobre a Fortuna. É irrelevante determinar se os generais romanos aprenderam a chorar com os seus equivalentes helenísticos no mesmo momento em que aprenderam com eles a escrever cartas autobiográficas acerca de suas vitórias. Os romanos não tiveram de esperar que os gregos descobrissem que eles eram mortais. Em seu triunfo, o general vitorioso devia ser acompanhado por um escravo que lhe repetisse a intervalos convenientes: "Respice post te, hominem te memento" (Tertul. *Apol.* 33.4; Arr. *Diss.* 3.24.85; Zon. 7.21.9) - embora isso também possa ser discutivelmente uma intromissão helenística em um ritual romano.

O que importa é que em Roma Políbio encontrou pessoas que não diferiam dos gregos instruídos em interesses, idéias e reações emocionais. Pelo menos alguns dos principais romanos sentiam e se comportavam de uma forma que lhe parecia perfeitamente compreensível e notavelmente sensata. Segundo o seu próprio relato, assim que foi levado para Roma em 167 a.C. como refém, se tornou amigo dos dois filhos sobreviventes de Emílio Paulo ao compartilhar alguns livros com eles. Tinha, então, cerca de trinta e cinco anos e o mais novo desses filhos, que ao ser adotado na *gens Cornelia* se tornara Públio Cornélio Cipião Emiliano, o futuro destruidor de Cartago, tinha cerca de dezoito anos. Quando Políbio e Cipião se acharam sozinhos nas imediações do Fórum (Políbio continua a nos contar), Cipião, "corando ligeiramente, se dirigiu a ele de modo tranqüilo e amável: - Políbio, já que somos dois, por que você constantemente conversa com o meu irmão e lhe dirige todas as perguntas e explicações, mas *me* ignora? (31.23.8-9). Seguiu-se um entendimento de fato, depois do que Cipião, "segurando a mão direita de Políbio nas suas e apertando-a calorosamente, disse: - Quisera poder ver o dia em que você, julgando que nada tem importância maior, dedicasse a sua atenção a mim e unisse a sua vida à minha"(31.24). É óbvio que Políbio constrangidamente transformou esse encontro em um episódio socrático, e Paul Friedländer se recordou da cena de abertura de "Greater Alcibiades" (*Am. Journ. Phil.* 66, p. 337-51, 1945 = *Plato* 1, 322-32, 1958). O título do seu artigo - Sócrates entra em Roma - sem dúvida se justifica numa base mais ampla. Um século mais tarde, Cícero atribuiu a Cipião Emiliano e seus amigos a divulgação em Roma da doutrina de Sócrates. Como ele afirma em *De republica* (3.5): "Cipião e seus amigos acrescentaram ao uso nativo de nossos antepassados a doutrina de Sócrates vinda do exterior."

Políbio podia não ter escrito a sua história como escreveu se não tivesse encontrado em Roma uma aristocracia que ele podia compreender instintivamente pois compartilhava a sua atitude quanto à vida. A base comum foi proporcionada pela infiltração em larga escala de pensamentos e costumes helenísticos em Roma durante o século anterior. Mas temos de levar em conta uma certa dose de concessões mútuas. Em *Quaestiones Conviviales* (IV, Proemium), Plutarco relata um dos conselhos que Políbio supostamente teria dado a Cipião após tomá-lo a seu cargo: "Nunca retorne do Fórum enquanto não tiver feito de um dos seus concidadãos um novo amigo." Isso demonstra que Políbio compreendeu muito cedo o sistema de *amicitiae*, ou seja, de clientelas, que sustentava o poder da aristocracia romana. Com o mesmo desembaraço e afinidade ele penetrou naquele emaranhado das regras, convenções e inesperadas reações romanas em que muitos outros políticos helenísticos perderam o rumo. Políbio nunca se embaraça com dificuldades de interpretação nas descrições dos homens e costumes romanos. As suas caminhadas pelas ruas de Roma devem ter sido acompanhadas por uma constante sensação de *déjà vu*. Ele dá mais a impressão de reconhecer do que de descobrir. Falta-lhe a sensação de surpresa. É o protótipo do historiador que nunca se assombra, exatamente como Heródoto é o protótipo de historiador que sempre se assombra. É claro que possuía noções de experiência militar e diplomática que o auxiliavam, e estava firmemente convencido de que a constituição romana se achava aberta à análise em termos gregos. Não pretendia ser absolutamente original em sua teoria cíclica das alterações constitucionais. Mas mesmo que fosse mais original do que ele próprio pretendia, estava apenas compondo uma das muitas variações sobre um esquema grego. Além disso, possuía um aguçado senso de desvio da norma em qualquer sociedade. Louvou a generosidade de

Cipião Emiliano para com seus parentes com a observação: "Tal procedimento seria naturalmente admirado em qualquer lugar, mas em Roma era um prodígio; pois ali absolutamente ninguém cede nada a ninguém se puder evitá-lo" (31.26.9). Curiosamente, na descrição das instituições romanas ele parece ter sido auxiliado por compêndios acessíveis a funcionários e magistrados romanos.

A sua descrição do acampamento militar romano (6.27-42) é quase certamente extraída de um livro e mesmo a descrição de um recrutamento romano no Capitólio (6.19-21) parece ter sido tirada de um relato escrito, já que, como o Professor Brunt recentemente mostrou em minúcias, dificilmente pode ter correspondido a métodos contemporâneos (*Italian Manpower 225 B.C.-A.D. 14*, p. 625-34, 1971). Talvez tenhamos de admitir que nem sempre Políbio verificava os fatos mesmo quando teria sido fácil fazê-lo. Em outros casos, em que ele não estava presente, sabemos que foi contestado por fontes contemporâneas. Plutarco observou que ele e o seu contemporâneo Cipião Nasica discordaram a respeito de determinados detalhes da batalha de Pidna (*Aem. Paul.* 16.2). O pressuposto constante de Políbio de que os romanos são transparentes em seus motivos e fundamentalmente sensatos em suas ações envolve três suposições: *a*) que a classe alta romana não está dividida por conflitos internos de interesses e convicções; *b*) que ela controla sem maiores dificuldades as classes inferiores de Roma, os latinos e outros aliados; *c*) que o seu objetivo de dominação mundial é eminentemente racional e não apresenta muitos problemas. Permitam-me ilustrar conjuntamente esses três pontos de forma concisa.

Temos de recorrer a Lívio e a fontes secundárias para depoimentos sobre os conflitos no interior da classe dominante romana e entre romanos e aliados na primeira metade do século II a.C. Políbio parece não ter percebido as contendas dentro de Roma que acompanhavam o que pode se nos afigurar como o aspecto mais incontroverso da expansão romana na Ligúria e no Piemonte. Ele não menciona que Cipião Nasica era contrário à destruição de Cartago porque Roma necessitava de uma rival para se manter equilibrada e atenta. Repetidamente têm sido manifestadas dúvidas sobre a autenticidade do discurso de Nasica no Senado romano para apoiar o seu ponto de vista. O silêncio de Políbio tem fornecido a principal base para esse cetismo (W. Hoffmann, *in* R. Klein, *Das Staatsdenken der Römer*, p. 224, 1966). Mas o discurso de Nasica já era conhecido por Diodoro (34.33.4; cf. Plut. *Cato maior* 27.1-2;

Apiano *Pun.* 69.315) e conseqüentemente por sua fonte no século I a.C.: o seu contéudo concorda com uma opinião que a fonte de Apiano *Pun.* 65.298-91 atribuiu a Cipião Africano. O silêncio de Políbio talvez não signifique nada além de que ele tendia a ignorar as diferenças de opinião entre os seus protetores romanos. Não se deve excluir um tanto de prudência. Ele se apressava a repetir os gracejos de Catão mesmo quando se dirigiam contra os gregos - e na verdade contra o próprio Políbio (31.25-5; 35.6; 36.14; 39.1). Mas ele não nos relata as quarenta e quatro acusações que em várias ocasiões foram apresentadas contra Catão (Plín. *N.H.* 7.100; Plut. *Cato maior* 15.4). Mesmo que não queiramos levar muito a sério as contendas entre Catão e Quinctius Flamínio (Plut. *Cato maior* 17.1; 19.2) e entre Catão e os irmãos P. e L. Cipião (Plut. *Cato maior* 3.5-6; Nepos *Cat.* 1.3), que são evidentes na tradição biográfica posterior, é verdade que Políbio é vago o bastante a respeito do julgamento de Cipião Africano a ponto de levar um historiador como De Sanctis (*St. dei Romani* IV, 1, p. 594) à conclusão falsa de que Africano nunca foi julgado (Políb. 23.14). Em Políbio não se encontra nada acerca do escândalo das bacanais, nada acerca das medidas contra os latinos, por exemplo em 187 a.C. (Lív. 39.3). Na verdade, temos apenas fragmentos da sua história, mas não pode ser por acaso que enquanto a parte grega da sua narrativa é repleta de conflitos internos, a história da Itália é milagrosamente isenta de conflitos. E o argumento do silêncio não é o único. Talvez mais significativo seja o que Políbio faz daquela delícia do antropólogo, os cortejos funerários em que os aristocratas romanos contratavam pessoas para desfilar mascaradas como os seus antepassados. Devemos a Políbio a única descrição desse cortejo - o que mostra o seu discernimento instintivo. É também inegável que ele vê uma parte da verdade - essas cerimônias acostumavam os jovens em geral a respeitar os mais velhos e superiores e a almejar a mesma glória (Políb. 6.54.3); eram festivais cívicos. Mas Políbio negligencia completamente o outro aspecto - a exibição de culto aos antepassados e de orgulho familiar, a afirmação de determinadas *gentes* contra outras *gentes* do seu tradicional direito de dominar. Ao desconsiderar os conflitos internos da aristocracia romana e as tensões entre romanos e não-romanos na Itália, Políbio criou uma atmosfera em que as conquistas romanas se tornavam fáceis de compreender e difíceis de contestar. Sugeri certa vez a uma platéia francesa que seria educativo um livro a respeito de *Les silences du Colonel Polybe*.

Não necessito enfatizar aqui a questão de que ninguém pode esperar que Políbio estude a dinâmica do imperialismo romano. A própria palavra imperialismo é moderna. Não conheço nenhuma tentativa séria de entender a dinâmica de qualquer imperialismo - antigo ou recente - anterior a *Imperialism* de J. A. Hobson, de 1902. Se eu estiver errado, estou errado na companhia do camarada Vladimir Ilitch Ulianov que, em seu livro de 1917, *Imperialismo, etapa superior do capitalismo*, adotou a mesma opinião. Até mesmo reflexões sobre o espírito militar dos romanos tal como *Grandeur des Romains et leur décadence*, de Montesquieu - apesar de sugeridas por Políbio - são inimagináveis na antiguidade. Mas os antigos dispensaram certa atenção aos indivíduos que começaram guerras e à justiça ou injustiça de seus atos: ocasionalmente, foram além dos indivíduos para discutir os conflitos de interesse entre estados. Heródoto fez Atossa aconselhar Xerxes a conquistar a Grécia; Teopompo colocou a personalidade de Filipe no início da sua história da conquista macedônica da Grécia. Tucídides se salientou ao transferir a verdadeira causa da Guerra do Peloponeso para medos mais personificados despertados por Atenas nos peloponesos. Políbio prossegue a busca de responsabilidades individuais onde reis e chefes não-romanos estão envolvidos. Ele cita Aníbal, Filipe V, Perseu e os chefes etólios e aqueus como responsáveis por guerras que poderiam ter evitado. Mas com uma exceção (a que em breve retornaremos) ele não faz perguntas desse tipo a respeito dos romanos. Mesmo a ocupação arbitrária da Sardenha pelos romanos, embora francamente admitida como injusta (3.28.2), não está diretamente ligada às origens da segunda guerra púnica. Enquanto ao examinar o comportamento dos gregos, cartagineses, macedônios e potentados orientais Políbio se amolda ao padrão da maioria dos historiadores gregos, para os romanos ele abre uma exceção. O seu impulso para dominar não é analisado nem contestado. No seu caso, enfatiza-se algo muito diferente: o apoio que a sua constituição política e, em geral, os seus hábitos e costumes lhes deram no avanço no sentido do domínio mundial. Isso não exclui juízos negativos sobre indivíduos romanos que se mostraram inferiores aos padrões normais de prudência e sabedoria: até mesmo Cláudio Marcelo é censurado por sua falta de prudência (10.32.7-12). Mas os romanos nunca são questionados em sua política básica.

É óbvio que Políbio se identifica com o sucesso romano. Por isso, não sente dificuldade em escrever uma história tanto para os gregos quanto para os romanos. Repetidamente, ele deixa claro que se dirige aos gregos que conhecem pouco as instituições romanas, mas, de outro lado, se refere a leitores romanos (6.11.3-8) e evidentemente está olhando para eles por sobre o ombro. Explica aos gregos por que os romanos venceram e explica aos romanos o significado e as condições da sua própria vitória. Mas isso não deve ser tomado como uma capitulação moral e intelectual aos romanos. Políbio age como um grego que tem interesse vital no funcionamento adequado da hegemonia romana sobre a Grécia. Não encontra satisfação no comportamento dos romanos após a destruição de Corinto e o diz (Livro 38). De fato, é evidente que os acontecimentos de 146, tanto em Cartago quanto em Corinto, o encheram de amargura e ansiedade. Exatamente porque, a essa altura, ele se tornara um importante agente do domínio romano e alguém em quem os romanos confiavam, sentiu a necessidade de continuar a sua história de 166 a 146 para mostrar como os romanos se comportaram. Para nós, é difícil ver o que Políbio acrescentou à sua história após 146, mas onde os acréscimos estão claros, a ansiedade e a advertência estão igualmente claras. No Livro 3, Políbio explica por que tenciona expandir a exposição para abranger os vinte anos seguintes ao dizer: "Uma vez que os juízos a respeito de vencedores e vencidos baseados unicamente nos combates efetivos não são definitivos (...) tenho de acrescentar um relato da política posterior dos conquistadores e de seu método de domínio universal, bem como das diversas opiniões e avaliações de seus dominadores mantidas pelos restantes" (3.4.4-6). Ao chegar à destruição de Cartago em 146, ele registra as opiniões contrastantes dos gregos sobre o procedimento romano (36.9). Para Políbio, esse era um ato incomum, mas extraordinário porque ele participara da destruição de Cartago. Como nunca colocava em dúvida os princípios básicos da expansão romana, não devemos perder tempo tentando concluir se ele aprovou ou não a destruição de Cartago. O que é inédito e importante é que considerasse necessário transmitir as opiniões contrastantes dos gregos contemporâneos a seus senhores romanos. Estava obviamente preocupado com o futuro de um estado que tinha de recorrer ao terror para manter a supremacia. Como diz naquela parte do Livro 3 que é um acréscimo posterior: "Nenhum homem de alguma inteligência vai à guerra com os seus vizinhos meramente a fim de esmagar um adversário" (3.4.10). Se no Livro 32 Diodoro faz eco a Políbio, temos aí nova confirmação de que Políbio viu Roma entrando na fase de "terror e repressão". Dadas as suas premissas e a situação em que ele se encontrava, é discutível se poderia ter feito mais do que transmitir a expressão de descontentamento generalizado e ao mesmo tempo indicar que algo mudara na classe governante romana.

Políbio preparou o terreno para outros intelectuais gregos que aceitaram o domínio romano e colaboraram com ele. O objetivo deles não era descobrir as raízes do imperialismo romano ou sequer persuadir os gregos de que era aceitável. Sua tarefa era persuadir os líderes romanos a se comportarem de forma que não alienasse a maioria dos súditos e conseqüentemente não colocasse em perigo a posição daqueles provincianos de classe alta que haviam identificado os seus interesses com o domínio romano. Os romanos puseram fim às lutas sociais nas cidades gregas e deram aos ricos uma garantia implícita de sobrevivência. Na Grécia, havia muitas pessoas que se sentiram gratas pela repressão até de agitações sociais menores, tal como a de Dyme na Acaia por volta de 116 a.C., tão tipicamente descrita na carta do procônsul romano Quinto Fábio Máximo aos magistrados da cidade: abolição de débito e contratos (*SIG*³ 684). Mas era essencial para os beneficiados insistir que tal política não fosse invalidada por saque, destruição brutal, distribuição negligente da força militar e desrespeito geral ao bem-estar dos provincianos. Mesmo observadores relativamente inexperientes podiam ver que os líderes romanos estavam basicamente interessados no próprio poder e na própria riqueza. As suas propriedades, a quantidade de seus escravos e todas as outras indicações de aproveitamento unilateral se tornavam a cada dia mais patentes. Para Políbio, e mais tarde para o seu continuador Posidônio, a antiga simplicidade romana era tranqüilizadora (Políb. 6.57.5; 31.25; 36.9; Posid. fr. 59 Jacoby). Podemos supor que o contemporâneo de Políbio, o filósofo estóico Panécio de Rodes, não discordava disso. Pelo menos, sabemos por Cícero que Panécio registrou - aparentemente com aprovação - o ponto de vista de Cipião Emiliano de que homens exaltados pelo contínuo sucesso deviam ser disciplinados como cavalos após uma batalha. Essa é a única citação de Panécio (*De officiis* 1.26.90) que nos pode dar alguma idéia das conversas que mantinha com Cipião nos muitos anos de convivência com ele.

Todas as contribuições à teoria do imperialismo romano que estudiosos modernos têm atribuído a Panécio são naturalmente meros produtos da imaginação. Não há um fragmento de Panécio que trate de assuntos políticos e o que Cícero derivou em *De officiis de Peri Kathekontos* de Panécio (Cic. *Ad Atticum* 16.11.4; *De officiis* 3.2.7-10) não tem relação com conquista ou governo provincial. Daí o Professor Pohlenz extraiu todo um livro com o título promissor de *Antikes Führertum*. Mas permanece o fato de que Panécio viveu por algum tempo em Roma, como afirma (73) o *Index Stoicorum Herculanensis*, uma fonte excelente, e parece não haver motivo para duvidar da afirmação de Cícero em *Pro Murena* de que ele era hóspede de Cipião (31.56). Além disso, temos a inquestionável informação de seu aluno Posidônio de que, por volta de 140 a.C., ele foi convidado por Cipião para ser seu companheiro na viagem diplomática ao Oriente (fr. 30 Jacoby). A passagem de *De officiis*, de Cícero, em que estamos interessados, proporciona alguma indicação sobre a área de acordo entre o chefe romano e o seu prestimoso cliente filósofo. Ambos achavam que sucesso e poder demasiados representavam um perigo. O contexto torna indiscutível que o poder político estava envolvido. O contexto também torna praticamente indiscutível que Panécio extraiu do comentário de Cipião a conseqüência de que quanto mais poderoso e bem-sucedido um homem é, mais necessitará do conselho dos seus amigos. Essa era claramente a posição em que ele desejava colocar Cipião em relação a si mesmo. A preocupação de Panécio, assim como a de Políbio, era estimular aqueles a quem considerava os mais influentes e bem-intencionados dos romanos a não abusar do poder.

A mesma atitude é identificável nos fragmentos das histórias de Posidônio, o aluno de Políbio que, em meio a toda a sua obra filosófica, resolveu se tornar o continuador de Políbio para o período após 146 a.C. É incerto se Posidônio concluiu as suas histórias com os acontecimentos da ditadura de Sula ou se as ampliou para incluir as guerras orientais de Pompeu. Mas se a sua história não se estende até 63 a.C., temos de supor que escreveu uma monografia à parte sobre as guerras de Pompeu - a diferença não é grande. Entre aproximadamente 100 e 50 a.C. Posidônio esteve em atividade; em 86, foi embaixador em Roma e conheceu Mário. A convivência inicial com Públio Rutílio Rufo na escola de Panécio deve ter lhe proporcionado uma primeira amostra dos otimates romanos: mais tarde, teve Pompeu e Cícero entre os seus admiradores.

Posidônio forneceu uma espécie de teoria para justificar o poder político e a conquista. Ele parece ter apresentado um esboço da evolução da soberania desde o rei da idade do ouro até à sua época (Sen. *Ep*. 90). Até onde sabemos, não se opunha à permanente dependência de clientes e servos, tais como os clientes dos chefes celtas (frs. 15.17.18 Jacoby) e os servos da cidade grega de Heraclea Pontica chamados mariandyni (fr. 8 Jacoby). Ele pode até ter louvado especificamente o domínio romano sobre a Espanha, embora as passagens de Estrabão citadas para provar isso me pareçam apenas pensamentos do próprio Estrabão louvando a *pax romana* de Augusto. O essencial, no entanto, é que Posidônio se preocupava muito com a turbulência social de sua época, ainda que não afetasse a sua ilha natal, Rodes, tão seriamente quanto o continente grego.

O descontentamento com Roma afinal resultara em rebeliões de escravos e das classes mais baixas, indireta ou mesmo diretamente apoiadas por aqueles que, nas duas extremidades opostas do império romano, estavam tentando defender a própria independência, as tribos espanholas e Mitridates, rei do Ponto. As apreensões de Políbio quanto ao futuro de Roma se revelaram justificadas - e essa talvez tenha sido uma das principais razões por que Posidônio resolveu dar continuidade ao seu trabalho. Posidônio considerava um mal o trabalho escravo de seu tempo. Achava que os habitantes de Quio, que segundo a tradição haviam difundido a escravidão na Grécia, mereceram a punição de serem escravizados, que lhes foi imposta por Mitridates por motivos muito diferentes (fr. 38 Jacoby). Ele descreveu em cores sombrias a vida dos trabalhadores de minas escravizados e era inteiramente sensível ao sofrimento dos humildes (como o Professor Strasburger nos lembrou em *Journ. Rom. Stud.* 55, p. 40-53, 1965). Mas não foi impelido por esses sentimentos a se solidarizar com os rebeldes e os subversivos. A sua descrição da tirania democrática de Atenião, o aristotélico que em 87 comandou o movimento anti-romano em Atenas, é a imagem mais hostil de um líder popular na literatura grega - e conheço poucos retratos comparáveis em outras literaturas (fr. 36 Jacoby). Foi igualmente franco a respeito das guerras servis na Sicília (como podemos deduzir de Diodoro que o acompanha). Para ele, o problema era como evitar o surgimento de tais movimentos. Preocupava-se mais com a prevenção do que com a repressão e, seja como for, na época em que escreveu já se demonstrara que a repressão podia ser seguramente deixada nas mãos dos romanos. Para Posidônio, prevenção significava o uso moderado da força, o tratamento responsável dos pobres e até dos escravos. Ele adotou em diferentes termos a atitude de Políbio e Panécio.

Isso pode ser inferido do caminho tomado por Diodoro no que resta dos Livros 32-7. Não estou de forma alguma inclinado a considerar Diodoro um mero copista de suas fontes, e sei muito bem que usando critérios estilísticos se poderia provar que Sir Ronald Syme é o autor de alguns dos livros escritos por seus alunos. Mas essas passagens de

Diodoro são diferentes de tudo o mais de Diodoro: o estilo tem uma nova vitalidade, os retratos evocam personalidades singulares e irreprimíveis, os juízos políticos e morais são muito mais pessoais do que nos livros anteriores. O retrato do chefe dos escravos sicilianos, Euno, irresistivelmente nos faz lembrar do fragmento de Posidônio sobre atenião. De fato, um fragmento do oitavo livro de Posidônio citado por Ateneu 12.59, p. 542b (= fr. 7 Jacoby) é muitíssimo semelhante a Diodoro 34.34. De forma bastante instrutiva, dá detalhes sobre um proprietário de terras siciliano, Damófilo, que de outro modo teríamos atribuído ao siciliano Diodoro. Creio que por essa vez não precisamos sentir escrúpulos em considerar Diodoro um sumarizador fiel do que deve ter sido um capítulo conciso e cuidadoso de Posidônio sobre a guerra dos escravos na Sicília.

Se isso for correto, confirma que Posidônio tinha conhecimento da situação desesperada dos escravos antes da rebelião. Diodoro afirma claramente: "Os escravos, atormentados pelas suas provações e freqüentemente maltratados e açoitados além de todo entendimento, não podiam suportar o tratamento" (34.2.4). Com o seu comportamento cruel, Damófilo causou "a sua própria destruição e grandes desgraças ao seu país" (34.35). A solidariedade de Diodoro - ou seja, de Posidônio - se estende a ponto de admitir que mesmo durante a guerra os escravos respeitaram alguns dos proprietários que tinham sido bondosos para com eles. A filha do cruel Damófilo "fizera tudo que podia para consolar os escravos que eram açoitados pelos seus pais" - assim, os escravos não só não tocaram nela como a conduziram "à casa de certos parentes em Catana" (34.39). O historiador não estende a solidariedade aos chefes. Euno "encontrou um fim que convinha à sua velhacaria" (34.23). Tampouco ele perdoa a ilegalidade (ou mais precisamente, "o procedimento frenético e ilegal") dos outros rebeldes (36.11). Compreende bem que os pobres entre os homens livres se uniram aos escravos contra os ricos, de modo que toda a estrutura social estava em perigo (36.11). Aos poucos, a pilhagem e a ilegalidade por parte dos nascidos livres emergem como a maior ameaça. Na mente de Posidônio, as guerras dos escravos não podem ser separadas das guerras civis que vira em sua vida. A oposição de Cipião Nasica à destruição de Cartago aparece tão destacadamente nesse relato de Diodoro - e portanto de Posidônio - porque se achava que ele antevira a possibilidade de guerra civil em Roma se Cartago fosse eliminada: "mas uma vez que a cidade rival estivesse destruída, era evidente demais que haveria guerra civil na metrópole e que o ódio à autoridade governante nasceria entre todos os aliados devido à rapacidade e à ilegalidade a que os magistrados romanos os submeteriam" (34.33.5). Acreditava-se que Cipião Nasica quase predissera não só a agitação dos Gracos mas também a Guerra Social entre Roma e os seus aliados italianos. Naturalmente, Posidônio não tinha qualquer simpatia pelos Gracos. No relato de Diodoro, Caio Graco "tornou o elemento inferior no estado supremo sobre os seus superiores (...) e dessas manobras adveio a ilegalidade fatal e a derrocada do estado" (34.25). Que os romanos "abandonaram o modo de vida disciplinado, frugal e austero que os levara a tal grandeza e caíram na busca perniciosa do luxo e da licenciosidade" (37.2.1) era, na mesma perspectiva, visto como a causa primordial da Guerra Social. A lição a ser inferida era a da moderação: "Não só no exercício do poder político os homens eminentes devem ser atenciosos para com os de condição inferior, mas também na vida particular devem - se forem sensatos - tratar com brandura os seus escravos. Quanto mais o poder é desvirtuado em crueldade e ilegalidade, mais o caráter daqueles submetidos a esse poder é embrutecido ao ponto da irracionalidade" (34.2.33). Os políticos romanos do período após os Gracos que Posidônio mais admirava eram aqueles que haviam mostrado moderação e não tinham cedido à rapacidade da ordem eqüestre, homens como Rutílio Rufo ou Lucius Sempronius Asellio, um benfeitor da Sicília (Diod. 37.5; 8). Quanto ao presente, Posidônio tinha pouca opção: tinha de contar com o seu ilustre amigo Pompeu.

Após o meio século ou mais de domínio romano que separava Posidônio de Políbio, a identificação de interesses das classes ricas e instruídas gregas com a sobrevivência do império romano se tornara evidente por si mesma. Foi essa evidência que deu a Posidônio autoridade e coragem para falar abertamente a fim de lembrar aos romanos os seus erros e delitos. Políbio gastara a maior parte do seu tempo explicando a gregos e romanos por que os romanos estavam fadados a vencer. Somente ao tratar dos acontecimentos de 147 a.C. ele passou à posição de crítico cauteloso da sociedade romana e de seus métodos de governo. Posidônio dava como certa a vitória de Roma e analisou a série de crises que em sua época o estado romano atravessara. Embora, em sua análise negativa do domínio romano, estivesse obrigado a dar prioridade à Itália e ao Oriente helenístico, não lhe escapou que o Ocidente bárbaro estava envolvido na crise. Sabia que essas sociedades da Gália e da Espanha possuíam as suas próprias normas e virtudes e as descreveu com óbvia simpatia. Posteriormente, teremos mais a dizer a esse respeito. Não era ele que iria negar aos romanos o acesso à riqueza dos bárbaros. Como Políbio, repetimos, ele não punha em dúvida as conquistas romanas enquanto tais. Mas se referia aos negociantes italianos como exploradores da Espanha e da Gália (fr. 116-7) e mostrou como os defensores nativos da Numância davam valor à liberdade (Diod. 34.4.1-2).

Existe assim uma coerência notável nos relatos de Políbio e Posidônio e este estava certo em pretender ter continuado a obra daquele. Partindo de uma aceitação implícita do domínio romano, eles o interpretaram como contemporâneos responsáveis, com atenção aos interesses e necessidades da classe alta grega. Utilizaram a técnica de pesquisa que haviam herdado de seus antecessores. Antes de Políbio a história diplomática e militar nunca fora tão perspicaz e competentemente escrita, e a agudeza da análise social de Posidônio permaneceu insuperada durante toda a antiguidade.

No entanto, ainda nos resta a impressão de que esses dois gregos nunca compreenderam completamente o que na realidade estava ocorrendo no organismo social que se tornara a garantia da sua própria sobrevivência. Paradoxalmente, tanto Políbio quanto Posidônio eram vítimas de sua apreciação de Roma. Ao concluir que Roma devia ser tratada como integrante da comunidade civilizada do mundo grego, não podiam aplicar ao estudo da vida romana aqueles métodos que utilizavam, com muita competência, para descrever os bárbaros. Não havia nenhuma tentativa de ver Roma, por assim dizer, de certa distância - como algo estranho, misterioso na língua e na religião, medonho nos rituais e temível na guerra. Se Políbio tivesse tratado Roma da mesma forma que, segundo um fragmento do Livro 34, parece ter tratado Alexandria, teríamos lucrado em conhecimento. Aquela meia página remanescente sobre Alexandria, com os três grupos de pessoas, é memorável: os egípcios, "uma raça arguta e civilizada"; os mercenários, "um grupo numeroso, rude e inculto"; e os alexandrinos, "um povo não verdadeiramente civilizado (...) mas ainda assim superior aos mercenários pois, apesar de ser mestiço, veio de uma linhagem grega e não esqueceu os costumes gregos" (34.14). Políbio conclui com um verso de Homero que nunca teria utilizado para Roma, por mais apropriada que a adaptação pudesse ter sido: "Para o Egito a estrada é longa e perigosa" (Odis. 4.483). Pelas mesmas razões devemos lamentar que Posidônio não tenha experimentado com Roma aquele estilo etnográfico que faz com que os seus celtas vivam para sempre - um modelo para a nação francesa para qualquer extravagância passada e futura. Nem Políbio nem Posidônio dedicam um pensamento sério sequer ao fenômeno que alterara o esquema de suas vidas: a helenização da cultura italiana. Na verdade, de vez em quando observam em romanos isolados o conhecimento do grego, a adoção de costumes gregos e a concordância com idéias gregas. Mas isso ocorre muito menos sistematicamente do que se esperaria. As caracterizações de Titus Flaminínus e Emílio Paulo que encontramos em Políbio (18.12.3-5; 31.22.1-4) não enfatizam a sua helenização. Em Posidônio parece ter havido uma digressão em honra de M. Cláudio Marcelo, o herói da segunda guerra púnica. A razão para essa digressão é obscura; pode ser devida à proteção concedida a Posidônio por algum descendente de Marcelo. Marcelo é apresentado como o modelo do romano antigo e o seu filelenismo é mencionado apenas como uma atitude política (fr. 43 Jacoby). Nem Políbio nem Posidônio demonstram qualquer interesse no surgimento de uma literatura na língua latina que estava rivalizando com a grega. Por Políbio não ficaríamos sabendo que ele era contemporâneo de Ênio, Plauto e Terêncio. Posidônio não mostra consciência de viver após Ácio e Lucílio e ser contemporâneo de Varrão - na verdade, a rigor sequer tinha consciência das potencialidades de seu aluno Cícero no universo da mente. Nenhum deles parece ter lido uma obra de poesia latina, embora pelo menos Políbio deva ter se tornado fluente nessa língua: mesmo a utilização direta de historiadores latinos por eles é duvidosa. O que Políbio tem em comum com Catão, sobretudo acerca da constituição romana, não significa necessariamente que ele leu Catão. Na realidade, Políbio parece ter dado um passo adiante. Estava indubitavelmente aborrecido com a demonstração de conhecimento da língua e dos costumes gregos entre os seus contemporâneos latinos. Censura a geração mais nova de romanos que, durante a guerra com Perseu, fora contaminada pela lassidão grega nos costumes sociais (31.25.4) e se une justamente a Marcus Porcius Catão para ridicularizar Aulus Postumius pela sua intempestiva exibição de fluência em grego (39.1). Em tudo isso podem ter existido bons motivos de prudência. O próprio Políbio fornece uma indicação ao dizer que Aulus Postumius "tornou a cultura grega desagradável aos olhos dos mais velhos e ilustres romanos". O resultado, no entanto, foi que a mais importante alteração na vida romana foi observada apenas em um nível superficial. Nem Políbio nem Posidônio perceberam a superioridade que os líderes romanos alcançaram pelo simples fato de poderem falar grego e pensar em grego, ao passo que os líderes gregos necessitavam de intérpretes para entender o latim. Mesmo em termos exclusivamente políticos, parece jamais ter ocorrido a Políbio e Posidônio que o domínio de uma língua estrangeira representava poder para os romanos. Estavam examinando as antigas virtudes romanas para a explicação do êxito romano, mas os romanos tinham conquistado poder ao porem de lado os antigos hábitos romanos. Um corolário é a ausência de qualquer comentário sobre a substituição do grego pelo latim como a principal língua cultural no resto da Itália e sobre a difusão do latim nas províncias ocidentais - o que, pelo menos na época de Posidônio, deve ter sido evidente. *Se* a longa e complexa passagem de Ateneu 6 (273a-275b), que Felix Jacoby dá como fragmento 59, pode ser considerada um resumo fidedigno das opiniões de Posidônio sobre a civilização romana, duas características se apresentam: *a*) por muito tempo os romanos conservaram a sua extrema simplicidade de vida; *b*) nesse longo período, aprenderam muitas técnicas com diferentes estrangeiros (gregos, etruscos, samnitas e iberos) e os seus princípios constitucionais com os espartanos. A literatura e a filosofia gregas não são mencionadas. Pelo que sabemos, a apresentação de Pompeu como fileleno foi um capricho de seu agente e panegirista Teófanes de Mitilene, e não de Posidônio.

A relutância de Políbio e Posidônio em examinar as formas da helenização de Roma era sintoma da posição incômoda de ambos em sua própria civilização. O helenismo que estava chegando a Roma incluía muitos daqueles traços que, na sua terra, homens de sua índole aristocrática consideravam desagradáveis. Como o movimento dos Gracos mostrou, ainda havia pensadores gregos que incentivavam a reforma social: Blossius de Cumae era um deles. A comédia e a sátira romanas nos podem parecer enfadonhas; imagine-se o que pareciam aos olhos dos aristocratas gregos. A religião era a maior dificuldade: a fina casca de teísmo filosófico mal era capaz de conter as emoções mais selvagens de profecia, êxtase, mistério e crueldade ritual. Eratóstenes relatou com óbvia solidariedade que Arsínoe III Filipátor era hostil à multidão celebrando um dos festivais dionisíacos caros a seu marido Ptolomeu IV Filipátor (241 F 16 Jacoby). Mais uma vez Políbio deu um passo adiante ao ignorar as bacanais romanas que cronológica e tipologicamente mal podem ser separadas da recente popularidade de Dionísio no Egito por volta de 210 a.C. Também foi omisso a respeito da crise religiosa em Roma durante a segunda guerra púnica: por ele nada sabemos acerca dos sacrifícios humanos daquela época. Fez o possível para transformar Cipião Africano num inescrupuloso manipulador de costumes religiosos de que ele não compartilhava.

Posidônio tem a reputação, até certo ponto justificada, de ser uma pessoa religiosa. Mas não parece ter percebido que Sula e o seu amigo Pompeu estavam tomando o rumo da autodivinização - a morte lhe poupou a tarefa de ter de explicar a apoteose de César. Posidônio encontrou atitudes místicas e supostos oráculos entre os partidários do rei-escravo Euno e do bárbaro Mitridates. Portanto, presta certo apoio a Aurelio Peretti, o franco estudioso italiano de impecável erudição que, em 1942, tentou persuadir a si mesmo (e se possível aos leitores) de que nenhum homem de sangue indo-germânico podia ter protestado contra Roma: apenas judeus e outros orientais rabiscaram oráculos sibilinos contra o poder dominante (*La Sibilla Babilonese*, 1943). Na verdade, o primeiro testemunho desses oráculos vem do filósofo peripatético e historiador Antístenes de Rodes, contemporâneo de Políbio. Um longo fragmento de sua história dos anos 190-188 a.C. é preservado por Phlegon de Tralles, o liberto e secretário de Adriano (257, fr. 36 Jacoby). Narra uma história extraordinária. Aproximadamente em 189 a.C. o general romano Públio enlouqueceu no santuário pan-helênico de Naupacto e começou a proferir oráculos em grego perfeito acerca do fim do domínio romano: da Ásia viria um rei para vingar o que os romanos haviam feito aos gregos. O general Públio anunciou aos seus soldados que em breve teriam a prova da veracidade das profecias: um lobo vermelho surgiria e o comeria. Com efeito, o lobo surgiu e o devorou. Só restou o seu crânio que continuou reiterando a profecia de ruína para Roma. Obviamente, por Públio se pretendia representar Públio Cipião Africano, que na época estava com o irmão em campanha no Oriente. O rei que viria da Ásia era provavelmente Aníbal, que ainda vivia na Ásia, se não o próprio Antíoco III. O lobo e mesmo o crânio (fazendo recordar o crânio que se diz ter dado o nome ao Capitólio) são genuínos elementos romanos.

Aníbal era também o assunto de uma espécie de narrativa pseudo-histórica da qual um papiro conservou uma parte que, pelo que sei, nunca foi associada ao oráculo transmitido por Antístenes. O papiro (*P. Hamburg* nº 129) contém uma carta supostamente enviada por Aníbal aos atenienses para anunciar a vitória de Cannae: a falsificação é evidente e a data bem poderia ser aproximadamente 185 a.C. (E. Candiloro, *Studi. Class. Orient*. 14, p. 171, 1965). O que é igualmente digno de ser notado é que Antístenes de Rodes era um dos historiadores a que Políbio tinha aversão e atacava. Políbio não profere uma palavra sobre os oráculos anti-romanos que Antístenes relatara tão completamente. A religião não era o setor da civilização que Políbio e Posidônio consideravam mais fácil de compreender. Era melhor tratar de política.

Mas também aí apareceu um obstáculo que se revelou insuperável tanto para Políbio quanto para Posidônio, embora possivelmente por motivos diferentes. Políbio nunca entendeu inteiramente a organização política da Itália de sua época. Registrou alguns aspectos - por exemplo, a disposição separada das unidades aliadas no exército romano (6.21.4). Mas não parece ter tentado fazer uma descrição do sistema romano de *municipia* e *coloniae*, aliados latinos e outros confederados. É menos fácil censurar Posidônio, devido ao escasso número de fragmentos. Mas se Posidônio tivesse dado mais atenção à estrutura da Itália antes ou depois da Guerra Social, deveríamos ter conhecimento disso por Estrabão, que fez amplo uso de sua obra. Durante alguns momentos, porém, vamos restringir a nossa atenção a Políbio, que era um especialista em história constitucional e por quatro séculos condicionou o pensamento moderno sobre a república romana.

Como a maioria dos historiadores gregos, Políbio sabia que o exército de um Estado era um elemento da sua constituição. Assim, em uma digressão no Livro 6 acerca da constituição romana, se esforçou para descrever a organização do exército romano. Mas ele também seguia o método habitual dos historiadores gregos de tratar um exército em guerra como algo independente da organização política que o criara. Isso era absolutamente razoável nas condições normais da vida grega. O êxito na guerra dependeria da competência dos generais, da coragem das tropas, da natureza do campo de batalha, do total de inimigos e de muitos outros fatores ocasionais. Embora todos soubessem que a constituição de Esparta estava por trás da fama dos generais e soldados espartanos, ficaria abaixo dos padrões normais do juízo histórico grego explicar uma vitória ou derrota isolada como produto da constituição espartana. Portanto, como historiador de guerras específicas, Políbio estava mais interessado na sua orientação do que nos antecedentes institucionais. Naturalmente, numa guerra entre macedônios e romanos ele salientaria a diferença entre falange e legião (18.28), mas não apresentaria a guerra como um conflito entre a monarquia macedônica e a constituição mista romana. No entanto, o que era uma atitude saudável nas circunstâncias gregas veio a se tornar perigoso em terreno estrangeiro. Políbio ficou privado da única oportunidade de confirmar a sua interpretação da constituição romana. Se tivesse tido de correlacionar a orientação da segunda guerra púnica com a descentralização do Estado romano - com os *municipia* e *coloniae* - e com o padrão sempre mutável das alianças italianas, logo teria descoberto que o seu conceito de uma constituição mista em Roma era quase uma ficção. A realidade era a submissão à Roma das aristocracias locais que, por sua vez, condicionavam o comportamento de seus clientes e seguidores. Políbio analisou aquela parte do governo romano que possuía semelhanças superficiais com uma liga grega, mas nunca se perguntou como a Itália central e meridional funcionavam juntamente com as autoridades romanas. É típico dele nos ter legado um documento que fornecia o total de soldados no exército romano em aproximadamente 225 a.C. e acrescentava o total de homens em idade militar mas não em armas: o documento fazia distinção entre cidadãos romanos e aliados e fornecia números específicos para os principais grupos de aliados (2.23-4). Políbio não descobriu esse documento num arquivo: ele o achou, com toda probabilidade, em seu antecessor romano Fábio Pictor que, na última década do século III, escreveu história em grego (cf. Eutrop. 3.5; Oros. 4.13.6). Políbio dá as suas razões para relatar os números: "a fim de que se possa evidenciar pelos fatos reais que grande potência era a que Aníbal se aventurou a atacar e como era poderoso aquele império que corajosamente confrontando ele chegou tão próximo do seu intento que causou grandes desgraças a Roma" (2.24.1). Mais precisamente ele salienta que enquanto " o total de romanos e aliados aptos para o serviço militar era de mais de setecentos mil na infantaria e setenta mil na cavalaria, Aníbal invadiu a Itália com um exército de menos de vinte mil homens" (2.24. 16-7). É evidente que a maneira como Políbio apresenta os números leva a absurdos. Os números do potencial de guerra romano (que é o que significa homens em idade militar) deviam ser comparados ao potencial de guerra cartaginês, porém Políbio jamais faz isso. Mesmo o número de homens de fato em armas - que Políbio dá como duzentos e dez mil para 225 a.C. - dificilmente pode ser comparado ao exército de Aníbal salvo se adequadamente analisado. É claro que não estou interessado na fidedignidade dos números em si mas na sua utilização, ou melhor não-utilização, por Políbio. Havia limites para a concentração de tropas devido a transporte, suprimentos e manobras no campo de batalha que devem ter sido intuitivamente evidentes para qualquer general antigo. O máximo que qualquer estado helenístico conseguiu reunir para uma batalha decisiva parece ter sido de cem mil soldados. Em 301 a.C., Antígono Monoftalmo tinha noventa mil soldados em Ipsos; em 217 a.C., o exército selêucida e o ptolomaico se compunham, cada um, de setenta mil soldados em Raphia. A superioridade romana residia na capacidade de substituição - ou seja, na capacidade de sobreviver à derrota em uma ou mais batalhas, como fartamente provaram a guerra contra Pirro e a segunda guerra púnica. Por sua vez, essa superioridade apresentava problemas de colaboração com os aliados - e na realidade de equilíbrio de forças entre Roma e os aliados - que de vez em quando surgem em nossas fontes (por exemplo, Lívio, 25.33.6), mas que nenhum escritor antigo analisou, nem mesmo Políbio.

Uma descrição das exatas relações entre Roma e os seus aliados italianos (para não falar das relações entre a cidade de Roma e a periferia do território romano propriamente dito) não teria sido inconcebível num historiador helenístico. Os métodos usuais da etnografia helenística teriam sido suficientes. Mas naturalmente Políbio teria tido de alijar o seu conceito favorito da constituição mista e, em geral, teria tido de admitir que aqueles romanos cujas mentes lhe pareciam tão transparentes de fato eram criaturas muito mais misteriosas. Podemos supor que, se Políbio tivesse feito o seu trabalho corretamente, os estudiosos modernos teriam tido menos dificuldade para penetrar na mente romana. Conseqüentemente, teríamos de registrar algumas perdas: ficaríamos privados das quatrocentas páginas de *The Theory of the Mixed Constitution in Antiquity* (1954), de Kurt von Fritz, o que seria uma lástima porque, contra todas as probabilidades, há bastante sabedoria e conhecimentos incidentais nessa tentativa disparatada de comparar a constituição mista de Roma, sem dúvida inexistente, com a constituição mista dos Estados Unidos, de existência discutível. Teríamos também de passar sem *Rome, la Grèce et les monarchies hellénistiques*, de Maurice Holleaux (Paris, 1921), que gastou tanta inteligência e agudeza ao tentar interpretar Políbio por meio da hipótese de que Roma encontrou o império por acaso ao sobrestimar as intenções agressivas dos estados helenísticos. Podemos até suspeitar - e esta seria a maior lástima de todas - de que deveríamos ser privados das severas repreensões do Professor Badian por todos os nossos pecados de omissão e comissão por não dar a atenção adequada à diferença entre conquistar a Grécia e subjugar a Grécia.

Em outras palavras, mesmo uma análise simples e estática do Estado romano nos teria ajudado a formular em termos mais razoáveis o problema moderno e não-polibiano do imperialismo romano. A organização dual do exército romano refletia naturalmente a organização dual do Estado romano. De um lado, havia os cidadãos romanos que (excluindo, para a nossa finalidade, a distinção entre *cives cum suffragio* e *cives sine suffragio*) supriam as legiões. De outro lado, sob a denominação de *socii*, os inimigos vencidos eram obrigados a fornecer tropas e acompanhar Roma na guerra, mas não pagavam tributo. Cada um dos lados tinha de ser mantido razoavelmente satisfeito. O serviço militar prolongado facilmente se poderia tornar desastroso para o camponês romano comum. Mas se podia esperar que o cidadão romano reagisse automaticamente à ação inimiga e ele tinha direito a compartilhar de qualquer vantagem ou glória que a vitória trouxesse. Mesmo no século II a.C., quando a situação do camponês-soldado romano se tornou um problema político, em geral a lealdade das legiões não estava em discussão. Os *socii* eram uma outra questão. Não se podia esperar que fossem automaticamente leais. No entanto, eram necessários. Tinham de ser mantidos ocupados pela guerra, porque se não todo o arcabouço da organização romana desmoronaria. Como as obrigações militares eram o único vínculo visível entre Roma e os aliados, Roma tinha de tirar o máximo proveito dessas obrigações para que não se tornassem desprovidas de sentido ou, pior, para que os exércitos aliados não se voltassem contra Roma. Assim como a organização do império ateniense tinha a sua própria lógica - mais tributo e menos parceria militar -, também a organização da aliança italiana tinha a sua própria lógica - nenhum tributo e portanto o máximo de parceria militar. A lealdade dos aliados tinha de ser controlada e estimulada. O controle era exercido em dois níveis, diretamente por meio de funcionários romanos, indiretamente por meio da classe dominante dos próprios aliados: por isso, essa classe dominante tinha de ser apoiada e até mesmo reforçada. Mas afinal o soldado aliado comum tinha de encontrar alguma recompensa para os seus esforços. Era necessário dar aos aliados oportunidades de glória, presas de guerra, estabelecimentos e comércio nas terras conquistadas. Claramente, Roma nunca encontrou uma solução completa para esse problema: posteriormente, teve de enfrentar a rebelião dos *socii* e lhes conceder acesso à cidadania romana. Mas a máquina funcionou durante cerca de dois séculos, de aproximadamente 280 a 100 a.C., e a maneira como funcionou foi que Roma passou de guerra a guerra sem dar muita atenção à questão metafísica de se as guerras se destinavam a conquistar poder para Roma ou manter os aliados ocupados. As guerras eram a própria essência da organização romana. A batalha de Sentinum foi o prelúdio natural à batalha de Pidna - ou, mesmo, à destruição de Corinto e à Guerra Social.

A incapacidade de Políbio de criar um modelo adequado para o domínio de Roma sobre a Itália foi herdada por Posidônio e, pelo que sei, nunca foi reparada por qualquer autor grego. Dionísio de Halicarnasso, que se interessava pela história romana como um todo, limitou o seu estudo à Roma arcaica onde o problema não se apresentava. Veleio Patérculo e a fonte latina dos primeiros livros de *Guerra civil* de Apiano (para a qual Emilio Gabba sugeriu o nome de Asínio Pólio) se aproximaram mais de uma versão italiana da história política romana, mas na época em que escreveram o imperialismo da República se convertera no burocrático Império dos césares: o que esses historiadores disseram já não podia produzir frutos. Políbio e Posidônio permaneceram os senhores no campo: o primeiro subsistiu em quantidade suficiente para impor a sua interpretação aos historiadores modernos, enquanto Posidônio só alcançou a Renascença devido a mediadores, como Diodoro e Estrabão e talvez Salústio e Plutarco. Enquanto os sucessos de Políbio podem ser facilmente acompanhados, o lugar de Posidônio no pensamento moderno só se firmará quando tivermos um estudo adequado da etnografia antiga.

Desde sua redescoberta no início do século XV, a história de Políbio foi considerada sucessivamente um tratado sobre modelos constitucionais, um manual para oficiais do exército e um guia para políticos, especialmente diplomatas. De Maquiavel até Montesquieu, Políbio foi o teórico da constituição mista. Mais curiosamente, ele contribuiu para a formação de exércitos profissionais na alta Renascença. Justus Lipsius foi o estudioso clássico que o difundiu no meio militar. Maurício de Orange-Nassau e outros reformadores utilizaram *De militia romana* (1595) de Justus Lipsius com o texto original de Políbio como manual para funcionários instruídos. Já em 1568 a tradução do primeiro livro de Políbio por Christopher Watson, do St John's College, em Cambridge, era precedida por um poema em honra do historiador:

Políbio lê
pois de fato, crê,
um grande bem acharás.

Mas foi Casaubon que cinqüenta anos mais tarde impôs Políbio como o especialista em vida política, como um guia muito melhor do que o Tácito em moda. O seu argumento era que Tácito escolhera o período errado e fornecia maus exemplos aos príncipes, ao passo que Políbio apresentava aos políticos modernos um período ilustre da história antiga. Se Casaubon tinha em mente algo mais preciso do que uma alternativa ao maquiavelismo disfarçado dos adeptos contemporâneos de Tácito, não deixou isso claro. Após Casaubon, Políbio será encontrado em muitas veredas da vida política européia. Por exemplo, em torno de 1740 Políbio foi utilizado na Inglaterra para apoiar a causa dos parlamentos anuais. Edward Spelman, o tradutor de Dionísio de Halicarnasso, aparentemente foi o autor do panfleto publicado anonimamente em 1743 com o título: "Um fragmento do sexto livro de Políbio (...) ao qual está anteposto um prefácio, em que o sistema de Políbio é aplicado ao governo da Inglaterra". Como descobri por acaso (não foi uma grande descoberta), em 1747 o mesmo panfleto recebeu um novo frontispício e um novo título. O novo título era ainda mais grandiloqüente: "Um Paralelo entre a Constituição romana e a britânica; incluindo o extraordinário discurso de Políbio ao Senado Romano (...) o todo destinado a restabelecer o verdadeiro espírito de liberdade e arrasar a dependência e a corrupção. Dirigido aos membos jovens do atual Parlamento." Pelo menos para um leitor do século XX, mesmo essa segunda edição deixa de esclarecer por que Políbio deveria ser aplicável à causa dos parlamentos de um ano. Mas a discussão sobre Políbio provocada por esses panfletos prosseguiu a intervalos pelo menos até 1783. Talvez eu devesse acrescentar que foi Edward Spelman o homem que disse: - Bom Deus, algum membro de uma Universidade sabe alguma coisa de grego.

É verdade que o problema do equilíbrio de poder entre classes e órgãos sociais representou um problema mais fundamental na Europa moderna do que representara na Roma de Políbio. Muito da fama de Políbio como intérprete da Constituição romana é um reflexo do seu prestígio entre pensadores políticos modernos desde Maquiavel. É claro que não escapou a Mommsen que dificilmente pode haver uma especulação política mais tola - "eine thörichtere politische Spekulation" - do que apresentar a Constituição romana como uma constituição mista e atribuir a ela o êxito de Roma (*Röm. Geschichte*, 7 ed., II, p. 452). Foi ainda Mommsen que disse que, no tratamento de todas as questões que se referiam a lei, honra e religião, Políbio foi não só banal mas também inteiramente falso - "nicht bloss platt, sondern auch gründlisch falsch". Em sua compreensível ânsia de salvar o que podia ser salvo da vida grega através da cooperação com os romanos, Políbio e, devemos acrescentar, Posidônio tinham deixado inexplorados os alicerces mais sólidos do complexo romano-italiano. O que observaram era muito importante: o etos da classe dominante romana, os métodos de conquista e domínio, as particularidades da organização política e militar. Além disso, possuíam extensos conhecimentos das repúblicas gregas e monarquias macedônicas da sua época e avaliaram realisticamente as suas possibilidades de lutar contra os romanos. Isso foi o bastante para torná-los agentes, e não apenas historiadores, da expansão romana. Nunca formularam uma pergunta sobre a justiça do domínio romano nem sobre as verdadeiras fontes do seu poder. Talvez seja menos óbvio por que ambos - Políbio e Posidônio - devessem ter desempenhado um papel tão destacado na investigação do Ocidente bárbaro e em torná-lo mais facilmente acessível aos romanos. Ao distinguir os romanos como a nação com que os gregos tinham a maior afinidade natural, empurraram os celtas e os cartagineses para uma categoria diferente. Era a categoria dos bárbaros e os eruditos gregos eram tradicionalmente famosos por investigar terras bárbaras e torná-las compreensíveis aos civilizados. Sucedeu assim que tanto Políbio quanto Posidônio estavam envolvidos na investigação das terras do Ocidente, e mais notadamente as terras da França e da Espanha - com as conseqüências que espero esclarecer na minha próxima conferência.

Enquanto isso, minha sugestão para hoje é: "Se deseja entender a Grécia no tempo dos romanos, leia Políbio e tudo que possa acreditar que seja de Posidônio; se deseja entender Roma dominando a Grécia, leia Plauto, Catão - e Mommsen."

3
Os Celtas e os Gregos

Não se deve dizer a um cidadão de Marselha que Petrônio, o autor de *Satyricon*, não nasceu perto de Vieux-Port. Os versos de Sidônio Apolinário

et te Massiliensium per hortos
sacri stipitis, Arbiter, colonum (*Carmen* 23.155-6)

"Tu, Petrônio, que nos jardins de Marselha eras o adorador do sagrado tronco da árvore" são dados como testemunho das origens marselhesas de Petrônio. Eles provam apenas, como há muito foi percebido por Conrad Cichorius (*Römische Studien*, 438-42), que um episódio das partes perdidas de *Satyricon* se situava em Massalia.

Mas Marselha bem que gostaria de outro escritor. Entre Salviano no século V d.C. e o nosso amigo Henri-Irénée Marrou no século XX, muito poucos nomes de intelectuais franceses podem ser ligados a Marselha. Mesmo hoje os homens que gesticulam por La Canabière olham em direção ao mar em vez de em direção à França. A forte tradição de autonomia que remonta a 600 a.C. sobreviveu aos canhões de Luís XIV e transformou uma canção de marcha composta em Estrasburgo na *Marselhesa*.

Minha narrativa de hoje nos leva de volta às origens da resistência de Marselha às seduções do continente celta.

II

A história épica de como os habitantes da Focéia abandonaram a sua cidade em vez de se submeterem aos persas é narrada por Heródoto

1.163 ss. Nenhuma história transmite uma impressão melhor da unidade do mundo mediterrâneo no século VI a.C. Ondas de emoção se espalharam da Ásia Menor à Espanha assim que um novo protagonista - a Pérsia - perturbou o equilíbrio existente de amizades, alianças políticas e interesses comerciais. Como de costume, Delfos teve de salvar as aparências. Tendo aconselhado os fócios a se instalarem na Córsega, teve de explicar por que o empreendimento fracassara. Alguns fócios tinham sido apedrejados até a morte pelos etruscos de Caere, tradicionais filelenos; outros tiveram de se transferir para Elea, na Itália meridional. Na medida em que justificava o oráculo, a história de Heródoto foi a princípio difundida a partir de Delfos. Mas o restante, que começa com a simpatia de Arganthonius, rei de Tartesso, pelos fócios, era sem dúvida de origem fócia. Pois tem-se de admitir que os corajosos cidadãos da Focéia estavam entre os colonizadores mais persistentemente farisaicos da comunidade grega. Ao fundar Lâmpsaco mataram todos os habitantes nativos, mas o fizeram em legítima defesa; a filha do rei local os prevenira do ataque iminente. A história foi minuciosamente narrada por um descendente desses colonizadores, o historiador Cáron, que, por ser um dos mais antigos historiadores gregos, estava em condições de estabelecer um modelo. O outro núcleo fócio em território lígure em Massalia foi descrito no mesmo espírito. A história de como a fundação de Massalia não foi uma usurpação violenta de território aliado já foi relatada por Aristóteles (fr. 549 Rose). Por acaso um aristocrata fócio era o convidado do rei da tribo lígure de Segobrigi quando a filha do rei foi obrigada a escolher um marido durante um banquete. Escusado dizer, ela escolheu o convidado fócio, que se tornou o fundador de Massalia em terra que lhe foi cedida pelo sogro. A mesma história pode ser lida em forma ampliada e levemente diferente em *Historiae Philippicae* de Trogo Pompeu, um celta que na época de Augusto narrou minuciosamente as tradições e nostalgias de Massalia. Trogo explica como chegou ao fim o idílio entre os gregos e os habitantes nativos. Durante um festival os lígures tentaram tomar Massalia de surpresa. Traídos a tempo por uma das suas mulheres, foram punidos (43.4). Depois disso, os habitantes de Massalia fecharam os portões da cidade e mantiveram vigilância permanente. Nesse ponto, Trogo insere uma nota de realismo que é repetida por Lívio quando descreve como, no início do século II a.C., um terço dos gregos de Ampúrias - uma povoação secundária dos mesmos fócios - guarneceu os muros todas as noites por medo dos vizinhos iberos (39.4). Mas logo Trogo recorre à história imaginária ao contar o episódio do chefe Catumarandus, que num sonho fora persuadido por uma deusa a fazer as pazes com Massalia. Trogo passa a explicar que um pouco mais tarde - isto é, aproximadamente 390 a.C. - os massaliotas esvaziaram o seu tesouro para resgatar os romanos dos gauleses. Não sou o primeiro a suspeitar de que os habitantes de Massalia gastaram o dinheiro para se resgatarem de Catumarandus em vez de resgatarem os romanos de Breno. Os fócios confiavam na ajuda de sua deusa virgem Ártemis, porém ainda mais no amor das princesas nativas - o que, a mais de um estudioso moderno, tem parecido um comportamento não-helênico.

Inevitavelmente, a história de Massalia era de vigilância atenta contra os seus vizinhos. Terá sido observado que os lígures, em cujo território a cidade fora fundada, tinham o nome muito celta de Segobrigii. Qualquer que possa ser a explicação para esse fato, pelo menos do final do século V a.C. em diante legítimos celtas de La Tène vigiavam das suas colinas fortificadas o movimento dos vizinhos gregos. Para todas as finalidades práticas os massaliotas tinham de lidar com homens que na língua, na arte, nos costumes tribais e, presumivelmente, na sabedoria druídica pertenciam à fluida civilização celta. Em conjunto, era a história da preservação bem-sucedida de tradicionais valores políticos, sociais e culturais por uma elite conservadora contra todas as possibilidades; mesmo a medida de César para punir Massalia, como aliada de Pompeu, não importou em catástrofe. Em seu comércio, Massalia era sem dúvida auxiliada pelas outras colônias gregas ao longo das costas da França e da Espanha, que, se não pela origem, ao menos de fato eram as suas próprias subsidiárias: Nicaea, Antípolis, Rodes, Emporiae, Mainace etc. Mas é difícil avaliar o esforço de coordenação militar e social que tais postos avançados isolados devem ter exigido: tanto eram um risco quanto um auxílio.

Massalia apresenta dois problemas em relação ao mundo celta. Um é problema da contribuição de Massalia à helenização dos celtas. O outro é o efeito da vizinhança dos celtas sobre Massalia e, por meio de Massalia, sobre os gregos em geral. O primeiro problema tem sido muito discutido; do segundo, apesar de não menos interessante, se fala muito menos.

Pelo menos na atual fase de pesquisa, seria ridículo tentar isolar o componente massaliota no processo de penetração de bens materiais e espirituais gregos no território celta. Era um território que, pelo menos nos séculos IV e III a.C., se estendia da Espanha ao mar Negro, incluía a Itália setentrional e extensas faixas das regiões do Danúbio e, após

279 a.C., alcançara o centro da Ásia Menor - a nova Galácia. Os pontos de contato com o mundo grego eram incontáveis e foram aumentados pela utilização de celtas como mercenários na Itália e praticamente em toda parte. Em 186 a.C. havia no Egito mercenários gálatas que, em grego impecável, puderam proclamar ao mundo do pequeno templo de Hórus em Abidos: "Nós do corpo dos gálatas viemos e capturamos uma raposa" (Dittenberger, *OGIS* 757). A propósito, historiadores meticulosos nos advertem que não poderia ser uma raposa, mas deve ter sido um chacal.

Mesmo se, por enquanto, nos restringirmos ao final do século VI e ao século V a.C., quando as opções eram mais limitadas, a estrada do Ródano não era a única rota de comércio entre celtas e gregos. Havia outras estradas pelos Alpes e outros intermediários: sem dúvida os etruscos e provavelmente os fenícios, com quem os massaliotas tiveram choques hostis (Tucíd. 1.13.6; Paus. 10.18.7). Não sabemos se a Senhora de Vix recebeu a sua gigantesca cratera - lacônia? - por meio de Massalia. Tampouco sabemos se, no final do século VI, especialistas massaliotas reconstruíram em estilo grego a fortaleza sobre o Danúbio em Heuneburg, Württemberg. Só a cunhagem gaulesa tardia imita as emissões massaliotas; nos séculos IV e III a.C. estava claramente sob a influência macedônia. Mas "au Pègue", a cerca de 240 km ao norte de Massalia, a cerâmica do século VI é jônia - ou seja, provavelmente, de Marselha. Em Ensérune a profusão de cerâmica grega mal pode ser dissociada de Marselha. Alem disso, os dialetos celtas e germânicos muito cedo receberam o verbo grego *emphuteúo* no sentido de "enxertar": ele deu *enter* em francês, *impfen* em alemão, e gosto de lembrar que conheci essa palavra na infância como um termo comum na agricultura piemontesa. A transmissão dessa palavra envolve a transmissão da técnica de enxerto e não pode ser explicada a não ser como um empréstimo lingüístico massaliota. Isso nos aproxima da hipótese de que foi Massalia que abasteceu os chefes celtas de um modo novo e mais excitante de se embriagarem nos seus famosos banquetes hierarquicamente organizados: o vinho diminuiu o prestígio do hidromel e da cerveja. Os gregos vendiam vinho aos celtas, mas também os ensinaram a produzi-lo. É verdade que não sabemos quando Marselha se tornou o principal ponto receptor do estanho que, durante trinta dias, era transportado a cavalo do canal britânico. O testemunho direto pertence ao século I a.C. (Diod. 5.22.4). Mas muito cedo certa quantidade de estanho, ferro, escravos, couro, lã e ouro deve ter chegado a Massalia, em troca de vinho, azeite, sal, vasos de argila e bronze e espelhos. A difusão do alfabeto grego entre os celtas se deve também à influência massaliota. Talvez seja um desenvolvimento dos séculos III e II a.C. Parece ser essa a data das inscrições gaulesas em caracteres gregos. No século I a.C. os gauleses das proximidades de Massalia redigiam os seus contratos em grego (Estrabão 4.1.5). César encontrou um recenseamento da população em escrita grega quando tomou conta do acampamento dos helvécios (*Bell. Gall.* 1.29). Devemos ao mesmo César a informação de que os druidas usavam o alfabeto grego (6.14).

Pelo menos na era helenística os celtas iam à Massalia para aprender a língua e os costumes gregos. Segundo Estrabão, essa cidade era uma escola para os bárbaros (4.1.5; Justino 43.4.1). A indicação de Justino de que os celtas também aprendiam um pouco de urbanização é plenamente confirmada pela arqueologia, do núcleo em Ensérune do século V a.C. a Glanum e o *oppidum* de Entremont no período helenístico. Glanum se transformou no exemplo dos compêndios de um povoamento celta segundo princípios gregos. As figuras humanas encontradas em Entremont indicam que por fim os celtas foram persuadidos a abrir mão de seus preconceitos contra a representação da forma humana. E quando César menciona seiscentos senadores entre os nérvios (*B.G.* 2.28), é natural perguntar se os seiscentos senadores vitalícios - *timouchoi* - de Marselha foram o modelo para eles.

Por sua vez, os cidadãos de Massalia não podiam permanecer insensíveis à civilização circundante. Segundo Políbio (3.41), utilizavam mercenários celtas para a sua defesa. Chegaram até a incorporar uma pequena tribo de habitantes vizinhos como soldados auxiliares permanentes; pelo menos é essa a informação transmitida por César (*B. Civ.* 1.34.4). Varrão parece ter afirmado que na sua época Massalia era trilíngüe; as duas línguas estrangeiras eram, naturalmente, o latim e o celta. Gostaríamos de ter o contexto dessa afirmação que é transmitida por São Jerônimo (*In Galat.* 2.426, p. 543 Migne) e Isidoro de Sevilha (15.1.63). No século II a.C., pelo menos um massaliota a serviço dos Ptolomeus tem nome, Cinto, provavelmente de origem celta (U. Wilcken, *Zeitschr. F. Aegypt. Sprache* 60, p. 97, 1925). Estudiosos antigos do folclore atribuíram à influência celta uma das particularidades da famosa hospitalidade massaliota. Quando amigos se separavam, trocavam empréstimos em dinheiro a serem restituídos na próxima vida. Por serem vizinhos dos celtas (explica Valério Máximo), os massaliotas aprenderam com eles a acreditar na imortalidade da alma, crença que não deve ser desprezada, visto que era compartilhada pelos pitagóricos: "dicerem stultos, nisi idem bracati sensissent quod palliatus Pythagoras credidit" (2.6.10). Em conseqüência, Lívio atribui ao cônsul Cn. Mânlio Vulso um discurso em 189 a.C. em que, para fomentar nos legionários romanos o desprezo pelos gálatas, ele encontra sinais de barbárie celta até em Massalia: "Massilia inter Gallos sita, traxit aliquantum ab accolis animorum" (38.17.11). Entre os celtas o prestígio de Massalia era alto. Em 195 a.C. Lâmpsaco registrou o auxílio que a sua cidade-irmã fócia Massalia lhe dera, não só em Roma, mas também em relações com os celtas da Galácia asiática (Dittenberger, *Syll.* 591).

Todos esses dados demonstram apenas como seria fácil formar um quadro inteiramente distorcido da vida de Massalia no período helenístico. O próprio Lívio, em outro contexto, faz com que um embaixador de Rodes elogie no Senado romano a tenacidade com que os massaliotas aderiram às tradições gregas, "ac si medium umbilicum Graeciae incolerent" (37.54.21). Nas fontes antigas, a impressão geral de Massalia é de uma cidade que decidira se manter inalterada em sua arcaica configuração helênica. A comparação com Veneza é óbvia demais; a diferença das colônias gregas do mar Negro, Ólbia, Panticapeu etc., é igualmente óbvia. Os massaliotas receavam a contaminação com os vizinhos. Como resumiu Sílio Itálico (*Pun.* 15.169.72): "Os colonizadores da Focéia, embora cercados por tribos arrogantes e intimidados pelos ritos selvagens dos seus vizinhos bárbaros, conservaram ainda os costumes e a aparência da antiga terra em meio a populações belicosas." Aristóteles tem conhecimento de uma época em que a constituição de Massalia fora ainda mais oligárquica do que era na sua época (*Pol.* 5.5.2). Ele reconhecia que a *plebs* participava até certo ponto dos assuntos da cidade (6.4.5). Mas a constituição era bastante oligárquica quando Estrabão - ou a sua fonte - a descreveu. A cidade era governada por seiscentos senadores escolhidos vitaliciamente: eles tinham de ser casados, ter filhos e ser filhos e netos de cidadãos. Não sabemos como eram eleitos, mas na prática dificilmente pode ter sido mais do que uma cooptação. Havia um grupo executivo menor, de quinze, e aparentemente três desses quinze eram os chefes de Estado anuais. Nenhum estrangeiro tinha permissão de portar armas e nenhuma mulher tinha permissão de beber vinho (Teofrasto fr. 117 Wimmer = Aelian. *V.H.* 2.38). A moralidade das exibições públicas era rigorosamente controlada. Se alguém queria se suicidar, pedia autorização aos senadores; se os seus motivos fossem satisfatórios, recebia cicuta gratuitamente. Um amo que libertasse um escravo podia retomar a sua liberdade três vezes em seqüência; após a terceira vez, se pressupunha que já não se podia confiar no discernimento do amo.

Essa severidade de costumes era inseparável da velha amizade com Roma. Massalia se arrogava aliança com Roma desde as origens. A amizade era sem dúvida muito antiga, porque os romanos depositaram no tesouro dos massaliotas a sua oferenda a Delfos após a captura de Veii em 390 a.C. (Diod. 14.93.4; Ap. *Ital.* 8.11). No século IV, a experiência comum dos ataques celtas consolidou a amizade. Perto do final do século III, Aníbal criou um novo vínculo entre as duas cidades, visto que tentou claramente usar os celtas contra ambas. Para os romanos do final da República e início do Império, Massalia parecia ser uma relíquia dos bons tempos: "disciplinae gravitas, prisci moris observantia" (Val. Máx. 2.6.7); precisamente o local para Agrícola ser educado.

Massalia estava tão absorvida em seu esforço de se manter grega – e aristocrática – que, ao que tudo indica, nunca organizou uma exploração do interior da Gália e nunca transmitiu aos outros gregos qualquer conhecimento exato dos costumes e instituições celtas. Novamente é óbvia a diferença das colônias do mar Negro que observaram os habitantes nativos e informaram Heródoto. Ninguém pode duvidar de que os massaliotas exploraram mares e costas. Isso era a sua vida. Contornaram as costas até onde os cartagineses lhes permitiram ir. Eutímenes, o explorador das costas africanas ocidentais, bem pode ser anterior a Heródoto, e mesmo a Hecateu, como sugeriu F. Jacoby (P.-W., s.v.). A *Ora Maritima* de Avieno pode ser baseada num *periplous* do século VI ou V a.C. (embora isso seja uma conjetura moderna sobre fundamentos incertos). Píteas, que provavelmente viveu no século IV, não parece ter viajado pelo interior da Gália. Os seus inimigos dentre os geógrafos antigos o atacaram pelo que relatou sobre o Norte misterioso – Grã-Bretanha, Jutlândia e o que quer que fosse Tule. Mas ninguém o atacou pela informação sobre a França, o que demonstra que ele não forneceu nenhuma. Até o século II a.C. os gregos sabiam deploravelmente pouco sobre o mundo celta – e a França em particular. Quaisquer informações que tinham vinham de tais relatos de segunda mão como os que eram obrigados a recolher em Marselha, na Itália ou nos Bálcãs, sem ter de visitar pessoalmente o país. As primeiras autoridades sobre os celtas que encontramos, Éforo e Timeu, eram típicos historiadores de gabinete. Foram pioneiros, simplesmente porque os massaliotas nunca fizeram qualquer esforço para conhecer os seus vizinhos. Éforo, que escreveu os primeiros livros em torno de 350 a.C., incluiu os celtas em sua descrição do mundo. Coloca os celtas num dos quatro cantos do mundo. Eram filelenos, jovens refinados que eram gordos demais e não abandonaram as suas casas quando foram invadidas pela água (Estrabão 4.4.6, 7.2.1). Timeu, que por volta de 280 a.C. seguiu o exemplo de Éforo ao prefaciar a sua história com uma introdução geográfica, talvez estivesse mais bem informado. Podia discorrer sobre a foz do rio Ródano e a influência dos rios do Atlântico sobre as marés do oceano. Interessava-se por Massalia e deve ter refletido as opiniões massaliotas acerca do restante da Gália. Políbio, que não gostava de Timeu, admitia que ele se esforçara para obter informações sobre o Ocidente. Nenhum outro escritor do final do século IV ou início do século III podia competir com Éforo ou Timeu a respeito dos celtas. Aristóteles, por certo, deve tê-los incluído em sua obra perdida sobre os costumes dos bárbaros. Em *Política* ele soube interpretar as instituições celtas no contexto da sua classificação. Embora fossem um povo guerreiro, os celtas, ao contrário dos espartanos, não eram dominados pelas mulheres, porque tendiam ao homossexualismo; mas, assim como os espartanos, educavam os filhos austeramente. Para além da política, Aristóteles contém mistura costumeira de informações curiosas - por exemplo que determinadas regiões da terra celta são frias para que os burros procriem (*De gener. anim.* 2.8.748a). Ele não parece ter pesquisado muito a respeito dos celtas. Mais tarde, porém, se descobriu que mesmo Éforo e Timeu eram informantes superficiais sobre eles. Na realidade, nem mesmo o que Eratóstenes apresentou podia ser considerado uma quantidade satisfatória de informações segundo os padrões de épocas posteriores. Na verdade, ele é especificamente acusado por Estrabão (2.2.41) de ignorância a respeito dos celtas. Se se leva em conta esse ataque de Estrabão, parece estranho que especialistas em fontes antigas sobre os celtas, como P. Duval, ainda possam acreditar que Eratóstenes escreveu pelo menos trinta e três livros de *Galatica* a respeito dos celtas. Basta apenas passar os olhos pelos poucos fragmentos de *Galatica* (745 Jacoby) - todos citados por Stephanus de Bizâncio - para se convencer de que o autor de *Galatica* é um homônimo mais jovem do grande Eratóstenes - talvez um descendente que percebeu as lacunas na geografia do seu antecessor. A *Galatica* de Eratóstenes provavelmente foi escrita *após* 156 a.C., porque alude a uma guerra entre Átalo II e Prúsias. Também é certo que o número trinta e três numa das citações é uma deturpação textual: *Galatica* pode ter tido menos livros. Mesmo assim, pertencem a uma nova era de estudos celtas que, como em breve veremos, foi iniciada e estimulada pelos romanos.

Antes que os romanos entrassem em cena, os gregos pouco sabiam sobre os celtas. A geografia, as instituições e a economia celtas só eram estudadas de longe e superficialmente. Os gregos de Massalia, que teriam sido o centro óbvio para a exploração do mundo celta, nunca foram além das costas. Mesmo os druidas surgiram de forma lenta e bastante calma no final do século III a.C. em Sotion, o historiador da filosofia grega (Dióg. Laércio, Introdução), e em um tratado sobre magia atribuído por alguém a Aristóteles, porém mais provavelmente produzido pelo peripatético Antístenes de Rodes que viveu por volta de 200 a.C. (*Suda*). Com todo o interesse pelos sábios do mundo bárbaro - brâmanes, magos, sacerdotes judeus e egípcios - se deu muito pouca importância aos druidas. Sotion e Ps.-Aristóteles os citaram para confirmar a origem remota da filosofia fora do mundo grego, mas o argumento principal era representado pelos magos e brâmanes que possuíam uma reputação maior e mais antiga entre os pensadores e historiadores gregos (Dióg. Laércio, Introd. 1).

O escasso conhecimento dos celtas não significa que os gregos lhes fossem indiferentes. Dificilmente se poderiam permitir ser indiferentes. Desde o início do século IV a.C. os celtas tinham sido um fator a ser levado em conta em toda a parte do mundo mediterrâneo. O primeiro acontecimento da história romana que os gregos contemporâneos testemunharam com interesse, e talvez com apreensão, foi o saque de Roma pelos gauleses. Foi registrado com a devida ênfase por Teopompo, Aristóteles e Heráclides do Ponto. Por volta de 338 Cílax, ou melhor pseudo-Cílax (§ 18), observou a presença de celtas no norte adriático de Ravena numa região de interesse comercial direto para os gregos. Na Itália meridional mercenários celtas eram recrutados por Dionísio, o Antigo. Na época de Filipe II e de Alexandre Magno, os celtas estavam assediando as fronteiras macedônias. Cinqüenta anos depois capturaram Delfos, ainda que por um curto período. Imediatamente em seguida, eles se instalaram na Ásia Menor - uma fonte constante de problemas para todas as potências envolvidas: os mercenários gálatas até conspiraram contra Ptolomeu II. Cada uma dessas intervenções dos celtas provava a sua importância ao produzir importantes desenvolvimentos nos sistemas políticos que atacavam. Por volta de 350 a.C. Roma surgiu como a maior potência na Itália quando os latinos, por temor aos celtas, renunciaram à sua independência. O novo reino da Macedônia, sob a autoridade firme de Antígono Gônatas, foi o resultado direto da invasão celta da Macedônia e da Grécia. A vitória sobre os gálatas consolidou o estado de Pérgamo e provavelmente forneceu a Átalo I a oportunidade certa para se declarar rei. Por fim, foi a vitória de Gnaeus Manlius Vulso sobre os gálatas em 189 a.C. que justificou a intervenção dos romanos na Ásia Menor e lhes forneceu os clientes de que necessitavam para controlar as ambições de Pérgamo. Inúteis nos ataques contra estados defendidos por falange ou legião, os celtas tinham a superioridade numérica, a coragem e a rapidez do saqueador completo.

Os gregos estavam demasiadamente ocupados celebrando em verso ou mármore as vitórias sobre os celtas para dar a devida atenção às causas dessas agitações. O patriotismo e a religião se associaram no que certamente deve ser uma das reações mais exaltadas dos gregos ao impacto de uma sociedade estrangeira. Apesar de o saque de Delfos pelos celtas ser uma lenda, a cidade de Apolo estivera em perigo real de ser saqueada. As emoções religiosas levaram à criação de *Soteria*, um dos mais importantes festivais do mundo helenístico. Uma inscrição de Cós (*Syll.*^{3} 398) exprime o entusiasmo espontâneo dos habitantes dessa ilha ao tomarem conhecimento das notícias sobre a retirada gaulesa de Delfos em 278. Foi um dia de vitória e salvação para todo o mundo grego. Arato escreveu o seu hino a Pã após a vitória de Antígono Gônatas sobre os gauleses no ano seguinte. Calímaco deve ter acompanhado com o seu poema épico *Galatea*, que (como sugeriu Rudolf Pfeiffer) apresentava a nereida Galatéia como mãe de Galatos, o antepassado dos gálatas (fr. 378-9 Pfeiffer). Mais tarde, Calímaco mencionou a "tola tribo dos gálatas" no seu quarto hino a Delos (1. 184) depois que Ptolomeu Filadelfo punira os seus mercenários celtas rebeldes. Os gálatas até se tornaram um ingrediente de comédia, a julgar por um fragmento de *Galatai*, de Sopatros de Pafos, que viveu no Egito por volta de 280-270 a.C. (fr. 6 Kaibel). Todo hino helenístico a Apolo passou naturalmente a incluir uma alusão ao triunfo do deus sobre os celtas. O peã de Limenios gravado por volta de 120 a.C. em Delfos com a notação musical ainda repete o lugar-comum (Powell, *Collectanea Alexandrina*, 149). Outros poetas celebraram as vitórias dos selêucidas e dos atálidas sobre os mesmos bárbaros. Segundo o *Suda*, Simônides de Magnésia celebrou uma vitória de Antíoco III sobre os gauleses, da qual nada sabemos - a menos que deva ser identificada com o episódio a que II Macabeus se refere como o triunfo de oito mil judeus babilônios e quatro mil macedônios sobre atacantes gálatas (8.20). Um fragmento de um poema em um papiro de Berlim, em edição preparada por Wilamowitz, faz alusão a um episódio que envolve um rei helenístico contra os gauleses: o resto é deixado à nossa imaginação (D. L. Page, *Greek Literary Papyri* 1, 463).

As artes figurativas, ainda mais do que a poesia, exprimiram os sentimentos mistos de júbilo pelas vitórias passadas e temor de incursões futuras que os celtas inspiravam. Quatro episódios parecem ter atraído a atenção dos artistas - ou dos seus patronos. Um, naturalmente, era o ataque a Delfos. Propércio viu "deiectos Parnassi vertice Gallos" (gauleses arremessados do Parnaso para baixo) até numa porta do templo de Apolo no Palatino (2.31.13). Outro era o suicídio de Breno após a sua retirada de Delfos, que pode estar representado num bronze famoso do museu de Nápoles. O terceiro episódio era a vitória de Átalo I em 241 que foi comemorada por iniciativa do próprio rei, tanto em Pérgamo quanto em Atenas. Por fim, num dos mais brilhantes dos seus estudos iniciais, Mario Segre indica que muitas das cenas italianas com gauleses - tal como o friso de Cività Alba em Piceno, que foi descoberto no final do século passado - podem representar um ataque celta ao templo de Apolo e Ártemis em Dídima perto de Mileto, que foi saqueado em 277/6 a.C. (*Studi Etruschi* 8, p. 137-42, 1934). A propaganda de Pérgamo tornou preeminente a vitória de Átalo. Os reis de Pérgamo, como demonstra o monumento na Acrópole ateniense, queriam aparecer como os protagonistas de uma nova gigantomaquia - os defensores da ordem divina da civilização helênica contra os bárbaros do norte. Entretanto, os artistas envolvidos com essas obras não estavam inclinados a apresentar os bárbaros como a encarnação das forças do mal. Salientaram a dor infligida aos gauleses vencidos e a sua coragem ao enfrentar a morte - sozinhos ou com as suas famílias. O sucesso que essas estátuas obtiveram mostra que o público compartilhava do sentimento dos artistas. Embora não tenhamos nenhum comentário contemporâneo sobre as obras de Pérgamo, dificilmente podemos errar se escolhermos ver nelas um monumento à dor humana cuja contemplação de alguma forma se torna mais suportável porque encarnada em bárbaros.

Havia outras representações mais claras ou mais genéricas das vitórias sobre os celtas. Mas ainda continua sendo significativo que algumas das figuras patéticas sejam encontradas em urnas funerárias. Não é provável que o visitante do museu Guarnacci, de Volterra, se esqueça da série de urnas com cenas singulares de saqueadores celtas que fogem de uma Fúria. Os etruscos do século II a.C. devem ter descoberto alguma alegoria da morte em tais episódios. De outro lado, os oleiros da Cales, no sul da Itália, devem ter achado fregueses para as taças que, por meio das suas imagens, recordavam aos que bebiam os ímpios celtas em ação: elas eram também um *memento mori* ou eram um convite a se regozijar num mundo em que sem dúvida os bárbaros serão derrotados?

As fortes emoções provocadas pelos celtas se tornaram simbólicas da existência humana e se desenvolveram em proporção inversa à avaliação crítica da sociedade celta. É claro que temos de levar em plena conta o desaparecimento das mais importantes fontes históricas do século III a.C. É provável que Jerônimo de Cárdia tenha fornecido um relato preciso dos acontecimentos celtas de 280-275 a.C. Posteriormente, Phylarcus continuou à narrativa. Temos dois fragmentos dele (frs. 2 e 9 Jacoby) que podem ser considerados etnografia celta; um é uma história inverossímil sobre um *potlacht* celta. Mas estudiosos sérios do mundo celta como Estrabão nunca recorrem a esses historiadores do século III. Podemos entender por que se virarmos as páginas do único relato minucioso remanescente sobre a invasão celta de 278 a.C. em Pausânias, Livro 10. Há muito se admitiu que Pausânias deu um acabamento à Heródoto e acrescentou alguns comentários próprios ao que basicamente deve ter sido um relato do século III sobre o ataque celta (O. Regenbogen, P. -W., s.v. Pausânias, Supl. VIII, 1.076). Um dos comentários de Pausânias é que antes de uma batalha os celtas não utilizavam um adivinho grego nem faziam sacrifícios segundo o costume nacional - se de fato, como oportunamente observa Pausânias (10.21.1), existe algo que se possa chamar adivinhação celta. O que Pausânias quer dizer é que em sua fonte não encontrou nada a respeito da arte da adivinhação celta que fora gabada por Posidônio e outras autoridades. Obviamente Pausânias apreciou a alfinetada nesses famosos eruditos. Mas não nos surpreenderemos se, por sua vez, os especialistas se recusaram a levar a sério o que consideravam relatos desinformados de escritores como a fonte de Pausânias. Na realidade, Pausânias nos mostra como era um relato de uma guerra com os celtas nos tempos pré-científicos dos estudos celtas, no século III a.C. Os contatos diretos com os celtas parecem ter se limitado a prisioneiros ou mercenários, objetos impróprios à pesquisa etnográfica.

III

Os romanos tinham passado por emoções semelhantes. Durante dois séculos enfrentaram os ataques celtas. Quando, em 225 a.C., derrotaram decisivamente os gauleses na batalha de Telamon, celebraram a vitória com um templo no local, em que os celtas apareciam como a contrapartida moderna dos Sete contra Tebas. Os romanos inseriram o *tumultus gallicus* nas suas leis como uma emergência admitida. O recrutamento em massa contra os gauleses ainda é mencionado no título concedido à "colonia Genetiva Julia" na Espanha em 44 a.C., quando era provavelmente uma simples peça de antiquário, se não fizesse alusão às guerras recentes de César. Mas desde o início do século III a.C. os romanos também tinham começado uma política de ocupação do território gaulês. A princípio, essa ocupação (pelo menos com os sênones da costa adriática e os boios no norte dos Apeninos) equivaleu a um extermínio das tribos celtas. Gradualmente, porém, os romanos tiveram de aprender a governar os celtas e isso se tornou uma responsabilidade ainda mais premente quando, em 197 a.C., a Espanha foi organizada em duas províncias. Durante três séculos os romanos se empenharam firmemente - entre os seus múltiplos compromissos - em anexar territórios que eram parcial ou totalmente celtas até passarem a controlar a maior parte do mundo de fala celta. Interessaram-se pelas singularidades da sociedade celta que tentavam controlar e submeter.

Muito jovem ainda, Catão o Censor lutou na batalha de Metauro em que Asdrúbal fora maciçamente apoiado por tropas gaulesas. Ele iniciou a carreira política na época em que os cenomanos de Brixia atenderam à convocação à rebelião feita por Amílcar, o último comandante púnico na Itália. Em 195 estava como cônsul na Espanha para estabelecer os fundamentos da administração romana. Relatou os costumes cântabros (fr. 94 Peter). Catão tinha um interesse instintivo e talvez respeito pelas populações vencidas da Itália e das províncias. Observou os celtas com atenção e parece ter sido o primeiro a considerá-los argutos: "pleraque Gallia duas res industriosissime persequitur, rem militarem et argute loqui" (fr. 34 Peter). A emenda de *argute loqui* para *agriculturam* proposta por um ilustre estudioso dos celtas deve ser a emenda menos arguta de qualquer texto (G. Dottin, *Mélanges L. Havet*, p. 119, 1909). Os celtas assomavam enormes em *Origines* de Catão. Ele tentou ser claro quanto a lugares e nomes. Encontrou um ramo dos perigosos cenomanes entre os volcas, não distante de Marselha. Provavelmente foi o primeiro a incluir os gauleses em uma história da Itália, embora Fábio Pictor que em 225 a.C. lutou contra eles estivesse fadado a dizer algo sobre as suas características. Enquanto Catão ainda estava vivo, a classe governante romana fez um esforço deliberado para começar a conhecer melhor os celtas. Muito podia ser aprendido pelos contatos diários. Mas a ciência da geografia era grega. Se os romanos queriam informações sistemáticas sobre as terras e instituições celtas, tinham de recrutar estudiosos gregos. No tempo de Augusto ou Tibério, Estrabão ainda afirmava, como um fato evidente, que no estudo de países pouco conhecidos "os escritores romanos são imitadores dos gregos e não levam muito longe a imitação, pois o que relatam apenas traduzem dos gregos" (3.4.19). Os gregos se esforçaram para descrever o mundo celta da Espanha e da Gália a serviço da expansão romana. O que não haviam feito quando os celtas estavam saqueando a Grécia e a Ásia Menor fizeram posteriormente em proveito dos romanos. Peritos gregos provavelmente ajudaram no trabalho habitual de fazer o levantamento dos países conquistados. Gosta-se de imaginar que Demétrio, "o topógrafo", que hospedeu Ptolomeu Filométor quando ele foi a Roma como suplicante, ganhava a vida precariamente com esse tipo de trabalho (Diodor. 31.18). Mas o que os romanos realmente necessitavam dos gregos era a descrição e a interpretação de uma terra estrangeira como um todo. Eles careciam de orientação em etnografia.

Políbio estava disponível. Mesmo Catão não conseguia disfarçar uma relutante simpatia por ele. Sob o patrocínio romano e com a ajuda e a proteção romanas, Políbio percorreu as terras celtas. Os pormenores são sabidamente imprecisos. Provavelmente foi duas vezes à Espanha com Cipião Emiliano, em 151 e 134. Na primeira viagem deve ter visitado a França meridional, incluindo Marselha (Políb. 3.59.7). Entre essas duas viagens, em 147-6, Cipião lhe forneceu navios para explorar as costas da África (Plín. *N.H.* 5.9-10). Não é impossível que nessa viagem marítima tenha sido acompanhado por Panécio que, segundo uma passagem muito fragmentária e dúbia do *Index Stoicorum*, aparentemente viajou por mar com Cipião aproximadamente nessa época (col. 56, ed. Traversa p. 78). Políbio foi o primeiro a fazer um relato de primeira mão do interior da Espanha. Descreveu a Gália - ou ao menos a Gália meridional - de uma forma que representou uma novidade para o público grego (3.59.7). Podemos ver como utilizou o seu conhecimento para os capítulos sobre Aníbal na Gália do Livro 3 de suas histórias, mas o Livro 24 em que resumia as suas descobertas se perdeu. Quando afirmou no Livro 12 que, ao contrário de Timeu, se dera o trabalho de visitar as terras dos lígures e dos gauleses, estava sendo fiel aos fatos. Mas pelos menos no Livro 3 e no Livro 12 se esqueceu de dizer que as suas explorações foram possibilitadas pelos romanos e beneficiaram os romanos. Catão sensatamente incentivara os romanos a fazer o que nenhum grego fizera anteriormente - estudar os celtas na sua própria terra. Vemos então como a classe dominante romana aceitou o seu conselho e contratou os gregos para fazerem o trabalho por ela.

É impossível dizer se o Eratóstenes mais jovem (*F.Gr.H.* nº 745 Jacoby) que por volta dessa época, 150 a.C., escreveu os seus livros sobre a Gália, foi incentivado pelos romanos. Diz-se que um Calístenes mais jovem citado como autoridade sobre a Gália por Ps. -Plutarco, *De fluviis* 6.1 (=Jacoby, nº 291, 5), teria nascido na Itália meridional, ou seja, em território sob domínio romano. Mas como muitos outros autores citados por Ps.-Plutarco, ele pode nunca ter existido. Podemos ser mais categóricos a respeito de Artemidorus de Éfeso e Posidônio de Rodes a quem Estrabão tratou como as suas fontes mais autorizadas para a Espanha e a Gália. Ambos eram embaixadores em Roma de suas próprias cidades - ou seja, eram muito bem-vindos pela classe dirigente de Roma. Em sua famosa visita à casa de Posidônio em Rodes, Pompeu deixou claro que os fasces romanos tinham de se curvar diante da filosofia; sem dúvida, nada tinham a temer da parte dela. É evidente que Artemidorus e Posidônio viajaram pela Espanha e pela Gália com o apoio das autoridades romanas. De qualquer forma, a situação era tal que os romanos estavam fadados a obter vantagem de suas observações. Artemidorus escreveu antes de Posidônio, que de vez em quando discordava dele: ele deve ter viajado por volta de 100 a.C. Parece ter realizado um trabalho particularmente proveitoso a respeito da geografia da Espanha onde tinha a vantagem de um século de administração romana. Mas ele tinha observações etnográficas a fazer tanto sobre a Espanha (Estrabão 3.4.17) quanto sobre a Gália (4.4.6) e parece ter preparado o terreno para a pesquisa muito mais abrangente de Posidônio.

Quaisquer que possam ser as nossas opiniões pessoais sobre a erudição moderna quanto a Posidônio, um dos seus mais sólidos resultados é o restabelecimento dos capítulos de Posidônio a respeito dos celtas. Os pontos de partida foram umas poucas e impressionantes citações textuais feitas por Ateneu e algumas referências em Estrabão. A descoberta de que Diodoro V continha uma paráfrase do mesmo texto básico deu uma dimensão inteiramente diferente ao trabalho de Posidônio. Depois disso, foi mais fácil perceber que o próprio Estrabão dependia em grande parte de Posidônio e que também César deve ter utilizado Posidônio nas digressões etnográficas de *Bellum Gallicum*.

Durante muitos anos, a dependência de Estrabão para com Posidônio foi obscurecida pela teoria de Alfred Klotz (*Caesarstudien*, 1910) de que Estrabão só utilizara Posidônio indiretamente por meio de

Timagenes, seu contemporâneo mais velho. Mesmo à primeira vista era uma teoria inverossímil. Estrabão cita Timagenes apenas uma vez (4.1.13) para dizer que Posidônio estava certo e Timagenes estava errado acerca do *aurum tolosanun*, o ouro de Tolosa que arruinou a carreira de Cépio. É difícil deduzir dessa passagem que Estrabão se fiava em Timagenes a respeito dos celtas e nunca fez uso do texto original de Posidônio - que direta ou indiretamente fora o seu professor. Estrabão tinha um espírito independente. Se não copiava Timagenes, não se deve suspeitar que tenha copiado Posidônio. Estava inteirado das muitas fontes da época de César e de Augusto, e até cita os *Commentarii* de César (4.1.1). Além disso, é claro que, quando manifestou uma opinião favorável sobre a romanização da Espanha e da Gália, não estava copiando o que o seu mais recente editor crítico, F. Lasserre, supôs ser um panegírico de Augusto. O próprio Estrabão foi o apologista. Dito isso, é verdade que Estrabão passou ao norte de Populônia na Etrúria, conhecia pouco o latim e estava obrigado a depender de fontes gregas escritas para o seu relato das terras celtas. Temos sorte por sua escolha de Posidônio como a fonte principal.

Posidônio escreveu uma monografia sobre os Oceanos. Mas o que escreveu sobre os celtas seria encontrado sobretudo na história do período *circa* 146-80 e nos livros sobre as guerras de Pompeu. Escreveu *devido* ao avanço romano na Espanha e na Gália e, portanto, com plena consciência da nova realidade. Se parece ter composto uma imagem estática da sociedade celta, como se o impacto romano ainda não se tivesse observado, deve ter sabido o que estava fazendo. Ele era capaz de identificar uma mudança de longe. A sua maneira de tratar os celtas era deliberada; pretendia preservar a fisionomia de um mundo que corria o risco de desaparecer. Em um caso pelo menos ele quase diz isso - na história de Lovernius, de que voltaremos a tratar.

A etnografia antiga dá pouco espaço à língua. A filologia comparativa não fora inventada. Os grupos étnicos eram definidos em termos de descendência comum e instituições comuns. Posidônio não foi o descobridor de um novo método etnográfico. Mas era muito sistemático em suas descrições e tinha um talento excepcional para as particularidades significativas. Além disso, necessitava de entretenimento e sabia como obtê-lo. Apreciava a estrutura hierárquica da sociedade celta porque era hierárquica mas também porque era extravagante. Os aristocráticos mercadores de Rodes entre os quais vivia tinham hierarquia, mas não extravagância. Posidônio gostava de descrever aqueles banquetes rigorosamente hierárquicos dos celtas em que as pessoas se desafiavam para duelos mortais a respeito de sutis questões de honra, tal como o melhor pedaço de carne. Contemplava com gosto os numerosos séquitos de clientes entoando loas a seus patronos. A clientela permanente era um boa coisa. Forneceu aos celtas chefes encantadores, como Lovernius que promovia festas imensas: "E quando finalmente ele marcou um dia para o término do festejo, um poeta celta que chegou atrasado demais se encontrou com Lovernius e compôs uma canção magnificando a sua grandeza e lamentando a própria chegada tardia. Lovernius ficou muito satisfeito e pediu um saco de ouro e o atirou ao poeta que corria ao lado do seu carro de guerra. O poeta o recolheu e entoou outra canção... " (Ateneu 4.37, p. 152). Ah, não havia esperança de outro Lovernius. Como Posidônio observa de passagem, ele era "o pai de Bituito que foi destronado pelos romanos". Posidônio confessou que a princípio se perturbara com o espetáculo de cabeças humanas cravadas na entrada das casas aristocráticas celtas, porém mais tarde "habituando-se a isso, ele podia tolerá-lo com serenidade" (Estrabão 4.4.5).

Foi Posidônio quem definiu o lugar dos druidas, dos vates e dos bardos na sociedade celta. Toda a tradição posterior praticamente depende dele. Também nisso ele foi alertado por uma longa tradição de busca grega de filósofos e videntes bárbaros. Mas a sua simpatia pelos druidas, vates e bardos significa um reconhecimento autêntico da função que desempenhavam no mundo celta. Para Posidônio, os druidas eram mais importantes do que os outros dois grupos porque proporcionavam liderança, conceitos morais e religiosos e justiça. Preservavam um pouco da idade de ouro quando, como diz Sêneca, "penes sapientes fuisse regnum Posidonius indicate" (*Ep.* 90). Quando lemos em Estrabão, certamente a partir de Posidônio, que os druidas "proclamaram que as almas dos homens e o universo são indestrutíveis, embora às vezes o fogo e a água possam temporariamente predominar" (4.4.4), é fácil supor que Posidônio atribuía aos druidas doutrinas estóicas correntes. No entanto, a situação não é tão simples. Posidônio tinha de interpretar a forte crença no outro mundo que, por testemunho independente, sabemos ter existido entre os celtas da sua época. Além disso, mesmo antes de Posidônio, os druidas podem ter tomado conhecimento das doutrinas gregas da imortalidade por tradição oral em Massalia ou por aquisição de livros gregos. Eles estavam interessados em aprender. Posteriormente, a acreditarmos em Cícero, *De divinatione* 1.90, o seu amigo e hóspede, o druida Divitiacus, dava respostas em estilo posidoniano perfeito: "et naturae rationem quam *phusiologían* Graeci appelant, notam esse sibi profitebatur". Talvez Diviaticus tivesse lido Posidônio - ou alguém tivesse lido Posidônio para ele. Pois se deve recordar que Diviaticus não parece ter tido pleno domínio do grego nem do latim. César utilizou um intérprete na reunião formal com ele a respeito de seu irmão Dumnorix (*B.G.* 1.19).

No entanto, o druidismo era apenas um pequena parcela do quadro da sociedade celta apresentado por Posidônio e devemos nos perguntar que impressão causaria esse quadro em seus contemporâneos. Quanto aos seus leitores gregos, o único fato incontestável é que ele era suficientemente famoso para ser copiado - ou resumido - por seu contemporâneo mais jovem Diodoro. Mas após o saque de Atenas por Sula e a destruição do estado selêucida por Pompeu, o gosto pela contemplação serena da história mundial que Posidônio incentivava deve ter se restringido a recantos provinciais como Rodes, ou Agyrium, a terra natal siciliana de Diodoro.

A reação no Lácio é mais nitidamente identificável. Inclui o significativo silêncio de Cícero, que conhecia Posidônio. Em *Pro Fonteio*, por volta de 69 a.C., Cícero denegriu os gauleses porque o seu cliente Fonteius fora acusado por eles. Não precisava recorrer a Posidônio para a sua etnografia barata - admitindo, o que de forma alguma é indiscutível, que por volta de 69 a.C. a história de Posidônio já tivesse sido publicada. Pelo que sabemos, posteriormente Cícero jamais voltou a tratar a sério do tema da sociedade celta - nem sequer no discurso a César *De provinciis consularibus*. Os livros, e existem tantos, sobre o pensamento político de Cícero podiam ao menos mencionar a temerária imprecisão das suas noções sobre os provincianos, que no caso dos gauleses equivalia ao desprezo. Varrão estudou os celtas e pareceu a São Jerônimo ser uma grande autoridade sobre eles (*P.L.* 26.353). Naturalmente Posidônio estava por trás dele. Estimulado talvez por Varrão, César foi conquistar a Gália com Posidônio na sua pasta de estudante. As dissertações etnográficas de *Bellum Gallicum*, que atualmente poucos considerariam intercaladas, são semelhantes em conteúdo e estilo aos capítulos posidonianos de Diodoro e Estrabão. Observe-se que César jamais menciona os druidas a não ser na longa digressão etnográfica do Livro 6.11-28. Não encontrou os druidas nas suas campanhas, mas nas suas fontes literárias - qualquer que possa ser a explicação para a sua ausência do campo de batalha.

Como César escreveu a sua etnografia perto do final da guerra, estava em condições de combinar as próprias observações com o que encontrou nas suas fontes. É inútil qualquer tentativa de separar o antigo do novo. Mas em linhas gerais a sua imagem da sociedade celta coincide com a de Posidônio. Como Posidônio, ele acentua as facções e as disputas internas dos celtas e o caráter volátil das suas decisões. Michel Rambaud tomou todas as passagens em que César mencionou a "mobilitas et levitas animi" (2.1.3), as "Gallorum subita et repentina consilia" (3.8.3), a "Gallorum infirmitas" (4.13.3) etc. como exemplos característicos de "déformation historique" (*La déformation historique dans les Commentaires de César*, Paris, p. 326, 1953). Se era uma deformação, foi antecipada por Posidônio. César encontrou nele não só preciosas informações efetivas sobre lugares e instituições, mas uma animadora análise da fraqueza da sociedade celta.

É sem dúvida um paradoxo que Posidônio, o amigo e protegido de Pompeu, com a sua obra histórica devesse ajudar César a conquistar a Gália e, portanto, destruir o seu rival.

Como tentamos explicar, a utilização da etnografia grega por líderes romanos começara muito cedo. Lamentavelmente os celtas haviam sido desconsiderados pelos gregos. Quando invadiram territórios gregos, as emoções predominaram sobre a análise. O estudo sistemático das terras celtas foi feito pelos gregos sob a hegemonia romana e com o estímulo romano. Podemos agora ver os resultados. A importância dos nomes envolvidos - Políbio, Artemidorus, Posidônio - corresponde à magnitude do prêmio. Foi ao derrotar os celtas, na Itália, na Gália, na Espanha, na Grã-Bretanha e nos países danubianos, que o Império romano se consolidou como potência mundial. Foi também nos países celtas que a romanização comemorou o seu triunfo mais cruel. A civilização celta foi aniquilada ou lançada na clandestinidade.

Os druidas ressurgiram na nostalgia dos aristocratas gauleses do século IV e na imaginação irresponsável dos *Scriptores Historiae Augustae*. Singularmente, druidas do sexo feminino, antes não documentadas, predominaram nessas fantasias tardias. Em tudo isso pode haver mais do que simples nostalgia. Celtae era a denominação de uma das melhores unidades do exército juliano (Amiano 20.4.2) e o próprio Juliano diz que era inconcebível para todos os homens que um soldado celta ou gálata voltasse as costas ao inimigo (*Orat.* 1, *Paneg. Const.* 36b). Claudiano repete a afirmação (*Bell. Gild.* 1.431): "Sitque pallam Gallos causa, non robore vince." A consciência celta de si mesma pode ser localizada nas rebeliões populares de século V, sobretudo na Armórica (Zósim. 6.3.5). Na clandestinidade celta permaneceu latente um desejo de recordar aos romanos a sua arrogância. Ele recebeu a sua melhor expressão naquela história do *Mabinogion* sobre "O sonho de

Macsen Wledig"- o sonho do imperador Maximus. Como se recordam, tendo se casado com a princesa bretã Ellen, o imperador Maximus permaneceu durante sete anos nessa ilha e por isso perdeu o direito de retornar a Roma. Foi eleito um novo imperador. Maximus tentou reconquistar Roma mas foi malsucedido e teve de recorrer à ajuda dos seus cunhados bretões. Os bretões observaram que "diariamente ao meio-dia os dois imperadores (rivais) fariam a sua refeição e em ambos os lados cessariam de lutar até que todos tivessem acabado de comer. Mas os homens da ilha da Grã-Bretanha faziam a sua refeição pela manhã e bebiam até ficarem encorajados. E enquanto os dois imperadores estavam na refeição, os bretões se aproximaram da muralha e fincaram nela as suas escadas" (Everyman, p. 86). O resto é óbvio. Pela primeira vez um escritor celta proclamou aí a superioridade do desjejum matutino britânico sobre a sesta latina.

4
A Descoberta Helenística do Judaísmo

Os gregos talvez tenham sido os primeiros a estudar as singularidades dos estrangeiros. Começaram reunindo dados como mercadores ou colonizadores, mas pelo final do século VI a.C. já estavam escrevendo livros sobre etnografia e geografia para satisfazer o seu gosto pela pesquisa - pela *historia*, como a denominavam. Como mostra Heródoto, as suas pesquisas se estenderam a territórios que nenhum grego jamais visitara (4.25). De outro lado, observamos que os gregos eram muito menos curiosos do que esperaríamos que fossem a respeito de determinados países ao seu alcance e na verdade no âmbito da sua influência econômica e cultural. O seu interesse pela civilização e pelas terras celtas só se tornou manifesto no século IV a.C.,apesar de já no final do século VII terem fundado a importante colônia de Marselha. Ainda mais paradoxalmente, Píteas, aquele ilustre filho de Marselha que descobriu o norte da Europa, parece nunca ter viajado pelo interior da França. Os historiadores Éforo e Timeu, que nos séculos IV e III a.C. foram os primeiros a reunir amplas informações sobre a Gália e a Espanha, não parecem ter jamais visitado esses países.

Os viajantes antigos não consideravam fácil ir até o interior dos países. Conseqüentemente, não devemos esperar que os visitantes gregos nos portos palestinos subissem até Jerusalém pelo prazer de assistir aos festivais judeus. Mas as relações comerciais entre gregos de certa classe e palestinos começaram no período micênico. Os mercenários gregos representavam outro ponto de contato.

É provável que Davi tenha se servido de mercenários cretenses (II Sam. 20.23; I Reis 1.38); presumivelmente eles falavam grego. Aproximadamente em 840 Joás foi colocado no trono por mercenários carianos ou cretenses, de acordo com a interpretação que se preferir de

II Reis 11.4. Nos séculos IX e VIII a.C. navios gregos com mercadores gregos sem dúvida reapareceram ao longo das costas da Palestina. Em Samaria, a cerâmica grega é anterior à destruição da cidade por Sargão II em 722. Em Tall Sukas, entre Trípoli e Laodicéia (Lataquia), o escavador dinamarquês P. J. Riis encontrou uma povoação grega com um templo que parece ter sido construído no século VII e reconstruído por volta de 570 a.C. Os gregos permaneceram em Tall Sukas pelo menos até 500 a.C. para comerciar com palestinos de qualquer religião ou nação. Havia mercenários gregos no exército egípcio de Necau, filho de Psamético, que em 608 a.C. matou Josias - segundo se afirma em Megido. De acordo com Heródoto, havia trinta mil gregos no exército de Ápries, o neto de Necau que em 588 tentou levantar a pressão babilônia sobre a Palestina (Jerem. 37.5) e provavelmente precipitou a investida final de Nabucodonosor sobre Jerusalém em 586 a.C. Já se aventou até que um rei de Judá tinha mercenários gregos. As escavações de J. Naveh em Mesad Hashavyahu, não distante de Yavneh, na Judéia central, forneceram uma grande quantidade de cerâmica grega das últimas décadas do século VII. O local parece uma fortaleza e talvez tenha sido ocupado mais por mercenários gregos do que por mercadores gregos. Quando Jeremias escapou para o Egito, foi para Táfnis (43.7; 44.1), conhecida pelos gregos como Dafne e talvez guarnecida por mercenários gregos como certamente o foi sob o rei Amosis (570-526). Não se pode deixar de imaginar Jeremias sendo recebido por soldados gregos em solo egípcio.

Os contatos sobreviveram ao exílio. Descobertas de cerâmica grega em Bet-Zur, na estrada de Jerusalém a Hebron, são sinais de comércio ativo na primeira parte do século V. Fragmentos de cerâmica ática de En-gedi pertencem principalmente ao final do século V e início do século IV. Sabemos pelo orador Iseu que por volta de 370 a.C. um mercenário ateniense acumulara em Akko uma fortuna de dois talentos (4.7). As moedas mais antigas da Judéia imitam as moedas gregas no interesse do comércio com os gregos. Não sabemos que autoridade era responsável por elas. Recorde-se que o dinheiro de Javã - da Grécia - é mencionado num dos papiros, datado de 402 a.C., da colônia judaica de Elefantina no Egito (*Brooklyn Pap.* 12).

Os judeus tiveram outras oportunidades para entrar em contato com os gregos na Mesopotâmia assim como no Egito. É simbólico que um texto babilônico registre um pagamento em azeite a Joaquim, filho do rei de Judá, e a sete carpinteiros gregos que trabalharam para a corte babilônia (*Ancient Near Eastern Texts*, 2ª ed., p. 308). No Egito, os reis locais e persas atraíam mercenários não só gregos e carianos mas também judeus. As origens da colônia militar de Elefantina são desconhecidas, mas o autor da carta que é conhecido pelo nome de Aristeas deve ter encontrado em algum lugar a informação de que soldados judeus ajudaram Psamético na campanha contra o rei dos etíopes (13). O Psamético em questão é Psamético II que, na expedição de 589 contra a Núbia, teve o apoio de gregos, carianos e talvez fenícios. Os grafitos deixados por esses soldados em Abu Simbel, na baixa Núbia, são famosos. Se a informação de Aristeas é correta, os soldados judeus e gregos devem ter estado juntos na mesma campanha. A ausência de grafitos hebraicos em Abu Simbel talvez não seja suficiente para pôr Aristeas em dúvida. Uma recente descoberta papirológica mostra que, no século IV a.C., era conhecida na Grécia uma história semelhante ao julgamento de Salomão (*Pap. Oxy.* 2.944), mas não há indicação de que tenha provindo da Bíblia.

Como são esses os testemunhos diretos de contatos entre gregos e judeus antes da época de Alexandre, fazemos a pergunta óbvia: o que os gregos e os judeus fizeram com essas diversas oportunidades para se encontrarem e se conhecerem? Quanto aos gregos, a resposta é simples. Não registraram a existência dos judeus. A pequena nação que mais tarde iria apresentar o mais radical desafio à sabedoria dos gregos não é mencionada em parte alguma dos textos pré-helenísticos conservados. A ausência de referências aos judeus na literatura grega perturbou os judeus helenizados, como podemos ver na Carta de Aristeas (31; 312). Ao elaborar *contra Apionem*, Flávio Josefo pesquisou cuidadosamente as referências a judeus na literatura grega, e não há dúvida de que teve muitos predecessores nessa busca. Os resultados foram insignificantes. O autor mais antigo que Josefo conseguiu encontrar foi o poeta Choerilus, contemporâneo de Heródoto. Choerilus mencionou montanhas Solymian habitadas por guerreiros que falavam a língua fenícia. Infelizmente, a tonsura que Choerilus atribui a esses povos era expressamente proibida aos judeus pela lei mosaica (Lev. 19.27), que estava em vigor na época de Jeremias (Jer. 9.26). É quase certo que Choerilus tinha em mente os etíopes orientais e que combinou várias passagens de Homero (*Odis.* 5.283) e de Heródoto (7.79; 7.89 e possivelmente 3.8) para compor o seu quadro imaginário. Tampouco Heródoto se refere necessariamente aos judeus ao mencionar os sírios e fenícios da Palestina, que admitem ter aprendido a circuncisão com os egípcios (2.104).

Os estudiosos modernos que tentaram imitar Josefo na busca de referências a judeus na literatura grega pré-alexandrina não tiveram melhor sorte. Considerou-se que um fragmento do poeta Alceu (50 Diehl = 27 Lobel-Page) significava que o seu irmão Antimênides lutou com um judeu gigantesco durante um dos dois cercos de Nabucodonosor a Jerusalém. Mas S. Luria - que apresentou, ou melhor, reapresentou essa conjetura (*Acta Antiqua 8*, p. 265-6, 1960) - teve de postular que Alceu chamava Jerusalém de Hierosylyma, e não Hierosolyma, e a sua única indicação para isso era uma anedota etimológica com laivos anti-semitas citada por Josefo (*c. Apionem* 1.311), segundo a qual a palavra Hierosolyma provinha de *hierosylos*, "saqueador do templo". Sem dúvida Antimênides lutou a favor dos babilônios na Palestina, mas o seu irmão Alceu não estava interessado em especificar contra quem ele lutou. Outro texto com alusões a regras éticas judias atribuído a Focilides foi há muito reconhecido como sendo uma falsificação judia da era helenística. Franz Dornseiff - estudioso alemão que demonstrou coragem e independência em tempos difíceis - tentou com afinco nos persuadir de que de fato se tratava de autêntica poesia grega do século VI a.C. Tentou também mostrar que uma longa descrição dos judeus atribuída por Fótios a Hecateu de Mileto fora realmente produzida por esse escritor do final do século VI e não (como em geral se admite) por Hecateu de Abdera, mais jovem e que viveu na época de Alexandre. Em ambos os casos, Dornseiff não conseguiu convencer. Esses textos atribuídos a Focilides e a Hecateu de Mileto são de pelo menos dois séculos depois - com a diferença de que "Focilides" encobre uma falsificação, enquanto "Hecateu de Mileto" é uma atribuição errônea, pouco mais do que um lapso de escrita. Até agora, nada refutou a afirmação de que os gregos clássicos sequer conheciam o nome dos judeus.

Em resumo, pelo que sabemos, os gregos viviam contentes em sua era clássica sem reconhecer a existência dos judeus. Quanto aos judeus do período bíblico, é claro que tinham conhecimento de Javã, que denominava todos os gregos em vez de especificamente os jônios. Onde Javã é definido com maior precisão, como na genealogia de Noé, Javã é pai de Elisá, Társis, Quitim e Dodanim; ou seja, provavelmente, de Alashiya e Kition em Chipre, de Rodes e Tarso - em vez de Tartesso. Não há indicação de que Atenas, Esparta, Tebas ou mesmo Mileto estivessem conscientemente ligadas ao nome Javã. Dificilmente esse quadro das nações em Gênesis 10 pode ser anterior ao século VII a.C. Não muito mais tarde, Ezequiel ou um dos seus discípulos incluiu Javã na lamentação sobre Tiro (27.13-17). Ali, Javã é um dos mercadores que negociam com Tiro e entre as mercadorias estão escravos. O tema de Ezequiel dos gregos como mercadores é retomado por Joel que acusa Tiro e Sidom e "todas as costas da Palestina" - isto é, os filisteus - de comerciar com Javã e lhes vender "os filhos de Judá e os filhos de Jerusalém" (3.6). É um problema bem conhecido se Joel - ou pelo menos essa parte de Joel - pertence ou não ao período posterior ao exílio. Javã é mencionado no último capítulo de Isaías, 66.19, entre os povos aos quais Deus revelará a sua glória. Provavelmente esse é um texto do final do século VI. Por fim, Javã aparece na promessa messiânica de Zacarias 9.13: "suscitarei os teus filhos, ó Sion, contra os teus filhos, ó Grécia". Mas esse texto pertence claramente ao período após Alexandre, se bem que eu não me comprometeria com uma data macabéia. Os poucos textos bíblicos com menção a Javã que com probabilidade podem ser datados de antes de 336 a.C. conhecem os gregos apenas como negociantes - ou mais genericamente como uma das nações do mundo. Os gregos são conhecidos, mas parecem bastante remotos e insignificantes. Nas partes pré-helenísticas da Bíblia não há nenhuma noção que possa ser atribuída à influência grega: de fato, não há nenhuma palavra indiscutivelmente grega. As primeiras palavras indiscutivelmente gregas na Bíblia estão no Livro de Daniel (3.5), que em sua forma atual pertence aos séculos III e II a.C. Além disso, é provável que no Kohelet (Eclesiastes) a palavra persa *pardes* (2.5) seja usada num sentido, pomar, que lhe foi dado pelos gregos sob a forma *parádeisos*. Mas também Kohelet provavelmente é helenístico.

O quadro na verdade não se altera se nos desviarmos da Bíblia para aqueles selos e bronzes do período persa com que os museus arqueológicos de Jerusalém nos familiarizaram. Encontramos ali Atena, Heracles, sátiros e outras divindades gregas. Não sabemos quem eram os donos, nem o que os objetos significavam para os donos. Entre nós, aqueles que exibem Buda na sala de visitas não são forçosamente budistas. Na realidade, não há indicação de que antes de Alexandre algum judeu tenha adorado um deus grego. Isso é interessante, pois sabemos que mesmo no período pós-exílio uma proporção considerável de judeus era, para todos os efeitos práticos, politeísta. A essa altura, o monoteísmo absoluto estava instalado com firmeza no Segundo Templo de Jerusalém, mas em outros lugares permanecia instável. Durante e após o exílio, Ezequiel (33.23), o Terceiro Isaías (57.1-10; 65.11-12) e o Segundo Zacarias (10.2; 13.2) denunciaram a adoração de ídolos, o assassínio de crianças e a prática de prostituição ritual. Nos documentos Murashu babilônios do século V a.C., na mesma família nomes inequivocamente judeus se alternam com nomes teofóricos babilônicos. Os colonizadores de Elefantina, no Egito, conjugavam a observância da Páscoa judaica e talvez no sábado com a devoção a Eshembethel e Anathbetel, que o meu falecido colega e amigo Umberto Cassuto não conseguiu explicar satisfatoriamente. Chama a atenção a ausência de deuses gregos nesses documentos do politeísmo judaico em declínio do século V a.C.

Uma peça documental ainda desafia os intérpretes. Refiro-me naturalmente à misteriosa figura em uma moeda que se encontra no Museu Britânico. A moeda pertence ao período persa, contém a inscrição "Judéia" (YHD) e exibe uma figura num trono alado ou num carro de guerra: aparentemente essa figura confronta com uma máscara dionisíaca (B. Kanael, *The Biblical Archaeologist* 26, p. 40 e fig. 2, 1963). É algo incomparável e não é surpreendente que alguém se lembre do carro místico de Ezequiel. Tenho certeza de que todos nesta sala preenchem o requisito rabínico para discutir o carro de Ezequiel (*ma'ase merkava*) - isto é, ser sábio e capaz de inferir conhecimento mediante sabedoria própria -, mas não tenciono abordar esse assunto. Todas as outras moedas judias do período persa têm símbolos não-judeus. Não há nenhuma razão especial para crer que essa moeda contenha um símbolo judeu. Como disse anteriormente, não sabemos sob qual autoridade as moedas foram emitidas.

Antes de Alexandre, os judeus sabiam um pouco mais sobre os gregos do que os gregos sabiam sobre os judeus. Afinal, os gregos comerciavam na Palestina, mas aparentemente nenhum judeu comerciava na Grécia. Essa diferença não importava em qualquer assimilação da cultura grega entre os judeus. Entretanto, as evoluções que ocorreram na Judéia nos séculos V e IV a.C. apresentam muitos pontos de comparação com evoluções gregas contemporâneas. Tanto gregos quanto judeus estavam vivendo nos limites do império persa. A obra de Neemias pode ser mais bem compreendida se for comparada aos acontecimentos gregos. Em termos políticos, Neemias era um tirano imposto pelos persas assim como Histieu e outros foram impostos como tiranos pelo governo persa às cidades gregas. Neemias reconstruiu Jerusalém, como Temístocles teve de reconstruir Atenas. A sua remissão das dívidas tem analogias óbvias no sistema grego dos séculos VI e V. A lei de Neemias contra casamentos mistos correspondia na Grécia à legislação de Péricles contra esposas estrangeiras. Mesmo as autobiografias de Esdras e de Neemias eram novas na Judéia, como as memórias de Íon de Quios eram novas na Grécia -

praticamente ao mesmo tempo. Certa vez E. Bickerman comparou a obra do cronista à de Heródoto. Talvez seja uma comparação errada. A técnica com que no século IV a.C. o cronista reescreveu e modernizou o Livro dos Reis nos faz lembrar da técnica com que no final do século IV Éforo e Teopompo reescreveram e modernizaram Heródoto e Tucídides. Outros paralelos podem ser e têm sido aduzidos. O quadro das nações em Gênesis 10 nos faz lembrar do mapa de Anaximandro; o Livro de Jó, provavelmente uma obra do exílio, tem sido muitas vezes comparado ao *Prometeu* de Ésquilo.

Pode-se especular por que, tendo tanto em comum, os gregos e os judeus não parecem ter se comunicado. Uma das explicações é demasiadamente simples. Eles não tinham uma língua comum. Os gregos eram monolíngües; os judeus eram bilíngües, mas a sua segunda língua, o aramaico, lhes dava acesso aos persas e babilônios, até mesmo aos egípcios, em vez de aos gregos. No entanto, as dificuldades lingüísticas nunca foram barreiras intransponíveis. Talvez tenhamos de levar em conta um tanto de casualidade. Por acaso Heródoto não visitou Jerusalém. Uma página de Heródoto teria bastado para pôr fora de combate um batalhão de estudiosos da Bíblia. Em última análise, porém, talvez tenhamos de admitir obstáculos mais profundos. Sob a orientação de Neemias e seus sucessores, os judeus estavam decididos a se isolar das nações vizinhas. Confiavam em Deus e em sua Lei. Para a mesma finalidade, os gregos confiavam nas próprias inteligência e iniciativa, eram descerimoniosamente agressivos e contribuíam em toda parte para perturbar a paz do império persa do qual dependia a reconstrução do judaísmo. Cento e vinte anos após Neemias e Péricles, os gregos e os judeus se acharam sob o controle de Alexandre Magno – um macedônio que falava grego e se considerava o herdeiro dos reis persas.

II

Não fazemos idéia de como os judeus reagiram às notícias de que Persépolis estava em chamas. Alexandre nunca foi a Jerusalém. Mas as lendas judias que chegaram até o romance alexandrino narravam credulamente o encontro entre o Sumo Sacerdote e o novo Rei dos Reis. A lenda judia também afirmava que Alexandre proclamou a unidade de Deus da torre da sua nova cidade, Alexandria (Ps.-Calíst. II, 28, p. 84 Müller). Em autores cristãos há uma narrativa, provavelmente de origem judia, de que Alexandre levou os ossos do profeta Jeremias para Alexandria a fim de manter cobras e crocodilos afastados dali (*Suda*, s.v. Argólai). Essas lendas provam ao menos que na Palestina a transição do domínio persa para o macedônio fora tranqüila. A memória de Alexandre permaneceu como uma das peças de folclore que os judeus podiam compartilhar com os seus vizinhos.

Alexandre seguramente fizera algo pelos judeus que se revelou irreversível. Colocou a maioria deles num mundo de fala grega, em vez de um de fala aramaica. Após a sua morte, por mais de vinte anos a Palestina foi um pomo de discórdia. Ptolomeu, um dos rivais pela sucessão, ocupou Jerusalém em 320 – talvez tirando partido do sábado (Josefo *Antiq*. 12.5 e *c. Apion*. 1.205; Apian. *Syr*. 50). De 301 a 198, os Ptolomeus dominaram a Palestina. Governantes, soldados e negociantes greco-macedônios passaram a viver na Palestina por direito de conquista. Filósofos e historiadores examinaram Jerusalém e, de modo geral, ficaram satisfeitos. O judaísmo se tornou subitamente conhecido – e respeitável.

Os vencedores do império persa consideraram conveniente conhecer e, se possível, cativar os habitantes locais. Os governantes anteriores não tinham sido benquistos em todos os lugares. Os egípcios tinham uma crônica extremamente bem-sucedida de rebeliões contra os persas; os babilônios tinham se revoltado repetidamente. Mesmo na Palestina, onde os persas tinham sido bons governantes, houve problemas, se é que podemos dar algum crédito aos nossos dados confusos (*c. Apion*. 1.194; Syncellus 1, 486A). Os greco-macedônios tentaram se apresentar como senhores mais compreensivos do que os seus antecessores. Foram auxiliados por correntes de pensamentos que no século IV se desenvolveram na Grécia. Nisso, a inter-relação entre ideologia e ação é particularmente complexa. Os filósofos platônicos e pitagóricos tinham preparado os gregos para que compreendessem e apreciassem comunidades rigorosamente hierárquicas e mesmo hieráticas. O rei-filósofo não estava muito afastado do rei-sacerdote. Os platônicos conheciam Zoroastro. O historiador Teopompo escreveu sobre ela. Aristóteles, o mestre de Alexandre, não compartilhava desse gosto por sacerdotes, mas a sua curiosidade científica que era verdadeiramente universal se estendia ao saber do Oriente. Em nosso caminho encontraremos vários aristotélicos.

Assim, o interesse e a simpatia recentes não estavam especificamente voltados para os judeus. Mas há séculos os outros bárbaros – egípcios, persas, babilônios e mesmo indianos – eram conhecidos pelos gregos. Havia muitas informações anteriores disponíveis, que precisavam ser então reavaliadas e atualizadas. Os judeus eram os recém-chegados. Ainda se tinha de aprender tudo sobre eles. Talvez não seja por acaso que o primeiro livro grego a se referir extensivamente aos judeus tenha sido escrito por um conselheiro de Ptolomeu I nos anos em que estava tomando parte na campanha para a conquista da Palestina. Hecateu de Abdera incluiu um capítulo a respeito dos judeus em um livro sobre o Egito que escreveu no Egito antes de 300 a.C., provavelmente por volta de 315 a.C. Hecateu idealizava os egípcios e sobretudo a sua classe sacerdotal. Referiu-se aos judeus num contexto egípcio, embora o fragmento conservado por Diodoro e citado por Fótios não nos permita perceber o lugar exato da digressão sobre os judeus no plano do seu livro. Segundo Hecateu, os judeus estavam entre aqueles que - incluindo os célebres Dânaos e Cadmo - foram expulsos pelos egípcios durante uma peste. Moisés, homem ilustre pela sabedoria e coragem, conduzira a emigração, fundara Jerusalém, construíra o Templo, dividira o povo em doze tribos, constituíra o clero e estabelecera leis inteiramente louváveis. Assegurara uma população numerosa ao tornar a terra inalienável e proibir o abandono de crianças, um costume comum entre os gregos. Prescrevera uma educação de rigor quase espartano; a comparação com Esparta é óbvia, mas apenas implícita. Se o modo de vida que Moisés difundira era um pouco anti-social e hostil aos estrangeiros, isso era compreensível depois da dolorosa experiência de deixar o Egito. Hecateu encerra a digressão observando, em conformidade com um conhecido padrão da etnografia grega, que os judeus haviam modificado os seus costumes sob a influência do domínio persa e macedônio. Hecateu não tinha conhecimento dos patriarcas e aparentemente nunca ouvira falar dos reis hebreus. Um dos aspectos intrigantes do seu relato é que ele parece ter ouvido ou lido pelo menos uma citação em grego do Pentateuco. Ele diz que no final das Leis de Moisés se encontram as seguintes palavras: "Moisés, tendo ouvido as palavras de Deus, as transmitiu aos judeus." Parece ser um eco de Deuteronômio 29.1. Uma tradução de algumas partes da Torá anterior à Septuaginta não é inteiramente inacreditável e, em todo caso, é transmitida como um fator por Aristóbulo, um judeu alexandrino que escreveu em grego durante o século II a.C. (Eusébio, *Praep. Ev.* 13.12.1).

Mais ou menos nos mesmos anos em torno de 300 a.C., Teofrasto, o maior aluno de Aristóteles, se interessou pelos costumes judeus no contextos das suas pesquisas comparativas sobre piedade. Jacob Bernays foi o primeiro a reparar, em 1866, que um fragmento de *Sobre a piedade*, o livro de Teofrasto a respeito dos judeus, foi citado por Porfírio em seu tratado *Sobre a abstinência* (2.26). Teofrasto se referia aos judeus como filósofos que àquela altura tinham descartado o sacrifício humano e executavam os seus holocaustos enquanto jejuavam e falavam incessantemente sobre Deus. Além disso, os judeus examinavam as estrelas à noite, voltavam os olhos para elas e as invocavam em suas preces.

A idéia de que os judeus eram filósofos reaparece num livro sobre a Índia escrito por Megástenes que, por volta de 292, era embaixador de Seleuco I naquele país e relatou o que vira. A sua opinião de que os judeus eram para os sírios o que os brâmanes eram para os indianos obteve boa acolhida (*F.Gr.H.* 715 F.3 Jacoby). Clearco de Soli, outro discípulo de Aristóteles, que deve ter lido Megástenes, foi adiante e afirmou que na realidade os judeus eram os descendentes dos filósofos da Índia, a que denominava *Kalanoi*. Por sua vez, os *Kalanoi* descendiam dos *magos* persas (fr. 5-13 Wehrli). A sabedoria oriental era assim unificada numa árvore genealógica em que os judeus eram os descendentes dos feiticeiros persas. Clearco escreveu um diálogo sobre o sono, em que apresentava o seu mestre Aristóteles como o principal interlocutor. Fez com que Aristóteles relatasse o que era obviamente uma conversa imaginária com um sábio judeu que supostamente encontrara em algum ponto da Ásia Menor. O judeu deixara a Judéia, onde a capital tinha um nome difícil de pronunciar (a chamavam de Ierusalem) e descera até o mar. Visitara muitas nações e era grego não só na linguagem, mas também no espírito. Como conversara com tantos sábios, estava em condições de instruir Aristóteles. Não nos é dito diretamente em que consistia a sua sabedoria, mas Hans Lewy (*Harv. Theol. Rev.* 31, p. 205-36, 1938) argumentou de forma plausível que era sobre experiências em letargia induzida (como, afinal, sugere o título do diálogo de Clearco sobre o sono). Essas experiências tinham relação com a natureza da alma humana. Sabemos um pouco mais a respeito de Clearco de Soli, graças a uma inscrição incomum recentemente publicada e admiravelmente elucidada por Louis Robert. Nas escavações francesas em Ai Khanoum, no Afeganistão, encontrou-se uma inscrição com uma série de frases da sabedoria délfica. Um epigrama introdutório declara que Clearco as copiou exatamente em Delfos e as levou para esse lugar afastado da Bactriana. Parece não haver dúvida de que Robert esteja certo ao identificar esse Clearco com o discípulo de Aristóteles (*C. R. Acad. Inscr.*, p. 416-57, 1968). Isso significa que viajou extensamente e explorou o Oriente por que se interessava.

O quadro é coerente. Nos primeiros trinta ou quarenta anos após a destruição do império persa, os filósofos e historiadores gregos descobriram os judeus. Eles os descreveram - tanto de fato como na ficção - como sábios sacerdotais do tipo que se esperava que o Oriente gerasse. Os escritores eram pessoas importantes e responsáveis. Sem dúvida pretendiam impressionar os leitores gregos com a sabedoria dos judeus. Provavelmente esperavam ter também leitores judeus. Não temos meios de avaliar o impacto imediato desses textos sobre os leitores judeus porque não temos documento algum que possamos datar com segurança de aproximadamente 300 a.C. Mas se for verdade que Kohelet, Eclesiastes, escreveu no início do século III a.C., se deve admitir que pelo menos um dos sábios judeus não estava preparado para desempenhar o papel que os gregos lhe haviam designado. O que quer que se possa dizer sobre Eclesiastes - e se tem dito muitas coisas -, ele denegria a sabedoria tradicional. Era certamente um homem temente a Deus, mas o Deus dos seus antepassados estava acima dele e não com ele - exatamente a posição oposta à de Spinoza. Via pouco sentido na vida. Não possuía nada da autoconfiança que os gregos gostavam de atribuir aos feiticeiros judeus. No outro extremo da escala social, Mosco, o filho de Moschion, o escravo judeu, emerge então de um lugar extremamente improvável - do templo de Anfiarau na Beócia. Preocupado com as suas perspectivas de libertação, o escravo Mosco foi ao templo para uma noite de incubação e teve um sonho em que o par divino Anfiarau e Higia lhe ordenava que registrasse por escrito o que vira e o erigisse em pedra junto ao altar. Essa inscrição deve ser mais ou menos contemporânea de Kohelet - ou seja, não posterior a 250 a.C. "O primeiro judeu grego", como David Lewis o chamou (*Journ. Semit. Studies* 2, p. 264-6, 1957), se apresenta como um pequeno ser amedrontado que fora entregue à escravidão numa terra longínqua. Não esquecera que era judeu, mas reconhecera o poder dos deuses dos seus amos e agira de acordo com as suas ordens. Ele também não estava preparado para o papel de filósofo-sacerdote.

III

Por trás de Kohelet e Mosco o mundo se movera com rapidez e o que já no início era um quadro semi-utópico dos filósofos gregos em breve se tornou absurdo.

Cada vez mais gregos e macedônios se instalavam na Palestina, fosse por iniciativa real ou por opção: eles estimulavam a helenização dos habitantes locais. As cidades gregas se desenvolveram, sobretudo ao longo da costa mediterrânea e próximo ao mar Tiberíades. Algumas delas - como Acco, Dor, Jaffa, Ascalão, Gaza, Péla, Filadélfia, Citópolis, Samaria - eram cidades antigas que mudaram de estilo e de vez em quando de nomes: Filadélfia é o novo nome de Rabbat-Ammon, Citópolis de Bet Shean. As cidades gregas eram fortalezas, mercados e centros intelectuais. As pesquisas de Saul Weinberg em Tel Anafa, na Alta Galiléia, estão começando agora a nos dar uma noção de um pequeno centro helenístico do século II a.C. e de seu intercâmbio com as cidades fenícias e o mundo grego Mediterrâneo oriental. Menipo, a contrapartida grega de Kohelet, era originário de Gádara, na Transjordânia; era mais helenizado do que grego. O mesmo se aplica aos seus concidadãos posteriores Meléagro, o sutil escritor de epigramas, e Filodemo o Epicurista. Meléagro tinha muita consciência das suas origens semíticas. Do seu túmulo imaginário, saudava em três línguas o passante: "Se és sírio, Salam; se és fenício, Naidios [a palavra está certamente adulterada]; se és grego, Chaire; e diz tu o mesmo" (*Anth. Gr.* 7.419). Um dos seus rivais no amor era um judeu e Meléagro comentou com resignação. "O amor arde apaixonadamente mesmo em sábados frios" (5.160). Essa era a parte idílica de uma transformação que possuía facetas muito mais ásperas. Como iriam mostrar os acontecimentos do século II, na região palestina os judeus e os não-judeus podiam ser brutais uns para com os outros.

No século III a.C. a Judéia propriamente dita era uma pequena parte da Palestina: era quase identificável com o território da cidade de Jerusalém e como tal ainda era considerada por Políbio na metade do século II a.C. (16, fr. 39). Samaria e Galiléia ficavam fora dali. Os samaritanos - ou pelo menos os que não estavam completamente helenizados - tinham construído um centro religioso próprio na colina Garizim em circunstâncias que lendas contraditórias tornaram irreconhecíveis. Um conselho de leigos e sacerdotes sob a direção do Sumo Sacerdote tinha um amplo grau de autonomia no governo de Jerusalém, mas deve se admitir a presença no país de guarnições ptolomaicas. Os Papiros de Zenon mostraram como, em torno de 259 a.C., os representantes do ministro das finanças Apolônio atuavam nos interesses do seu senhor: uma das suas propriedades ficava em Bet Anat, na Galiléia (*Corpus Papyrorum Judaicarum* 1, 1-5). Pelos mesmos papiros ficamos sabendo que os Ptolomeus tomaram Tobias, o conhecido xeque da Transjordânia, para controlar os colonos militares no seu território. Tobias era judeu pela religião mas possuía um templo próprio na sua terra - e ninguém parece ter posto em dúvida a sua ortodoxia. Um dos seus antepassados era Tobias "o servo amonita" que causou transtornos a Neemias (Ne. 2.10; 13.4). Um dos seus filhos, José, se tornou por volta de 230 a.C. o principal coletor de impostos da Judéia (Jos. *Ant. Jud.* 12.160 ss.). O Sumo Sacerdote e o seu conselho tinham de levar em conta os Tobíadas. Não estavam em condições de recordar a eles que "nenhum amonita nem moabita entrará na assembléia do Senhor" (Deut. 23.4) - se for verdade que os Tobíadas eram amonitas. O tráfico de escravos era generalizado como sempre e Ptolomeu Filadelfo teve de intervir para proibir tentativas de escravização dos povos livres da Palestina (*Sammelbuch* 8.008).

As pressões da nova sociedade eram igualmente visíveis na emigração de judeus da Judéia. Também nisso se conjugavam a coerção e a livre opção. O Egito era um lugar tradicional e óbvio para os judeus necessitados irem. Os números básicos de que dispomos para essa emigração - 100 mil prisioneiros de guerra levados da Palestina para o Egito por Ptolomeu I (*Aristeas* 12-14) e um milhão de judeus no Egito na época de Fílon (*in Flacc.* 43) - são quase sem dúvida falsos. Os judeus foram para o Egito a fim de exercer velhas profissões em que eram competentes - eram soldados, lavradores, pastores. A transição de soldado a camponês e vice-versa era normal. A administração fortemente centralizada oferecia aos judeus oportunidades de entrar para o serviço do rei como guardas e coletores de impostos; os estrangeiros eram preferidos para tais funções. Os papiros são menos informativos acerca da vida econômica em Alexandria. Por esse motivo, sabemos menos sobre os judeus como artesãos, negociantes e banqueiros na cidade; mas eles existiam. O Terceiro Livro dos Macabeus (3.10) tem uma referência a gregos que, por volta do final do século III, eram parceiros comerciais dos judeus em Alexandria. O Egito provavelmente era o ponto de partida para nova emigração rumo a Cirene, Grécia e Roma. Na segunda parte do século II a.C. havia comunidades judias de tamanho considerável em Sícion, Esparta, Delos, Cos e Rodes. Em 139 a.C. os judeus foram expulsos de Roma por propaganda religiosa ofensiva (Valério Máximo 1.3.3). A criação de uma imensa diáspora beneficiou a classe sacerdotal em Jerusalém, pois aumentou o número dos que pagavam tributo ao Templo. As peregrinações a Jerusalém se tornaram um acontecimento muito mais solene e dispendioso. Mas a descrição dessas peregrinações em Fílon

(*De spec. Leg.* 1.69), nos Atos dos Apóstolos (2.5-11) e em Josefo reflete claramente as circunstâncias posteriores da *pax romana* e a comercialização da devoção religiosa por Herodes.

A cifra de dois milhões e 700 mil peregrinos por ano, que é fornecida por Josefo (*Bellum Jud.* 6.9.3), é mais um desses dados impossíveis com que o historiador da antiguidade tem de aprender a viver. Mesmo em uma escala muito menor, as peregrinações a Jerusalém do século III a.C. devem ter representado acontecimentos importantes. Proporcionaram um ponto de encontro a pessoas que eram cada vez mais diversificadas em língua, costumes, posição e até fidelidade política. Os judeus babilônicos eram leais aos selêucidas: de acordo com o Segundo Livro dos Macabeus (8.20), oito mil deles rechaçaram um ataque de gálatas saqueadores. Para minha satisfação - mas não, tenho de reconhecer, para satisfação de todos -, Louis Finkelstein mostrou que o Midrash da Hagadah do Pessach reflete esses conflitos de fidelidade política. Lendas sobre o período babilônico e persa foram revividas - ou talvez inventadas pela primeira vez - para estimular a fidelidade à Lei mosaica nas novas circunstâncias. É mais provável que a primeira parte do Livro de Daniel (aproximadamente capítulos 1-6) e os Livros de Ester e Judite pertençam ao século III do que ao século II a.C. Associam doutrinação com entretenimento. Demonstram preocupação pela preservação da Lei, mas não ansiedade premente. Neles não existe aquela atmosfera sombria de uma luta mortal que encontramos na segunda parte de Daniel.

O fato de que a diáspora mediterrânea rapidamente se tornara grega propôs um problema acerca do conhecimento da Torá. Na Palestina e na Babilônia o hebraico permanecera uma língua literária. A tradução oral da Bíblia para o aramaico era suficiente para manter os incultos informados. No Egito o conhecimento do hebraico se tornou excepcional, ao mesmo tempo que havia todos os atrativos da literatura grega. A Torá tinha de estar acessível em grego tanto para o serviço religioso quanto para a leitura particular. Isso significava uma tradução escrita. Da Torá a tradução foi posteriormente estendida ao restante da Bíblia. O processo deve ter levado dois séculos. Provavelmente o Livro de Ester só foi traduzido em 78/77 a.C.

A tradução deve também ter ajudado o proselitismo, que adquiriu proporções inteiramente diferentes assim que os judeus começaram a falar grego. Não conheço nenhum dado helenístico que demonstre que um não-judeu se tornou judeu ou simpatizante porque lera a Bíblia. Mas Fílon afirma que muitos não-judeus - isto é, suponho eu, simpatizantes - participavam do festival anual na ilha de Faros para comemorar a tradução da LXX (*Vita Mosis* 2.41). Os livros sagrados tinham se tornado acessíveis àqueles que se interessavam pelo judaísmo. Não há, porém, nenhuma indicação de que os não-judeus em conjunto tenham conhecido a Bíblia: estava em grego incorreto. Nenhum poeta ou filósofo helenístico a citou, embora algumas vezes estudiosos modernos tenham se iludido sobre esse assunto. A primeira citação indiscutível da Bíblia em um filósofo grego seria encontrada no tratado *Sobre o sublime*, atribuído a Longino, que em geral é datado do século I d.C. (9.8). Por trás disso provavelmente está o ensinamento do retórico Cecílio de Calacte, que era judeu. O caráter estreito da LXX - a sua origem evidente dos métodos da tradução oral na sinagoga - é que faz com que seja improvável que tenha sido traduzida por ordem de Ptolomeu II. Não discordo sem motivo de Elias Bickerman que tem defendido essa tradição, já em curso no século II a.C. - um século apenas após o pretenso acontecimento. Bickerman sustentou que na antiguidade os grandes empreendimentos de tradução se deviam à iniciativa pública, e não à particular. Mas ele só conseguiu citar o caso dos trinta livros sobre agricultura do cartaginês Mago que foram traduzidos para o latim por ordem do Senado romano (Plínio, *N.H.* 18.22). Os romanos tinham uma atitude para com as traduções diferente da dos gregos. No século III a.C., Lívio Andrônico foi levado a Roma para ser um tradutor semi-oficial da poesia grega para o latim. Na falta de algo comparável entre os gregos, hesito em atribuir à iniciativa real uma tradução que tão evidentemente nasceu no âmbito da sinagoga. A LXX permaneceu uma propriedade exclusiva até que os cristãos se apoderaram dela. Não sabemos sequer se estava depositada naquele grande estabelecimento ptolomaico, a biblioteca de Alexandria.

A conseqüência tem de ser enfrentada. Em torno de 300 a.C., os intelectuais gregos apresentaram os judeus ao mundo grego como filósofos, legisladores e sábios. Algumas décadas depois, os pretensos filósofos e legisladores tornaram públicas em grego as suas próprias filosofia e legislação. O mundo não-judeu se manteve indiferente. Outros semitas, Zenão de Cício e Crisipo de Soli, foram para Atenas e facilmente se firmaram como mestres do saber no próprio centro da vida intelectual na Grécia, porque aceitaram o politeísmo e fizeram sua a linguagem tradicional da filosofia grega. O contraste era flagrante. O fracasso da LXX em despertar o interesse da *intelligentsia* pagã do século III a.C. foi o fim do mito do filósofo judeu.

Examinemos mais atentamente o que estava implícito na recusa grega em considerar a Bíblia. Significava que os gregos não esperavam que os judeus traduzissem os seus livros sagrados, mas que apresentassem uma exposição de si mesmos segundo os métodos e categorias de etnografia em vigor. No mundo grego, isso era um costume antigo. No século V a.C. Xanto da Lídia escrevera em grego um livro sobre a história e os hábitos lídios que provavelmente foi inspirado por Heródoto. No século III os livros desse gênero estavam se multiplicando. O egípcio Mâneto, o babilônio Beroso e o romano Fábio Pictor escreveram as histórias dos respectivos países numa versão adequada em proveito dos gregos. Para os judeus era fácil agir de acordo com essa prática porque Hecateu de Abdera tinha composto um pequeno modelo do que se esperava deles. Assim, de certo modo, se pedia aos judeus que perpetuassem o próprio mito nos termos em que os gregos o inventaram. Alguns judeus condescenderam. Sabemos que um certo Demétrio (que Flávio Josefo chama absurdamente de Demétrio de Falero) escreveu uma história bíblica que incluía as pesquisas cronológicas usuais. Isso deve ter ocorrido no final do século III. Não muito depois um homem que provavelmente era samaritano escreveu outra história dos tempos bíblicos. Porém os mais famosos desses tratados sobre os judeus foram escritos na metade do século II. Eupólemo, que em 161 a.C. foi emissário de Judas Macabeu em Roma, redigiu uma obra em que se pode ler uma troca de cartas entre Salomão aos doze anos e os seus reis clientes Vaphres do Egito e Suron de Tiro (Eusébio, *Praep. Evang.* 9.31-4). Outro historiador, o tão misterioso Malcos ou Cleodemo, cuja origem judia é apenas provável, apresentou os filhos de Abraão como companheiros de Hércules que se casou com a filha de um deles (Jos. *Ant. Jud.* 1.240). Aristóbulo de Paneas alegorizou a tradição hebraica num diálogo em que Ptolomeu VI (181-145 a.C.) fazia perguntas sobre a Bíblia. Essa abordagem tornou intrinsecamente possível aos judeus afirmarem que haviam sido os mestres dos gregos devido à sua maior antiguidade. Por volta de 200 a.C., o biógrafo Hermippus aceitou sem dificuldade a idéia absurda de que Pitágoras fora discípulo de judeus e trácios. Os judeus também tinham o direito de buscar vínculos genealógicos respeitáveis com os gregos. Alguém - um judeu ou um grego - inventou uma descendência comum de judeus e espartanos provindo de Abraão. É evidente pelo Segundo Livro dos Macabeus que ao menos alguns grupos judeus admitiram a pretensão - que tinha muitos paralelos no mundo helenístico. Determinou-se também que, na época de Abraão, os judeus tinham sido amigos dos habitantes de Pérgamo (*Ant. Jud.* 14.255). Na realidade, Abraão, mais cosmopolita e menos legalista do que Moisés, se tornou o protagonista predileto de tais invencionices.

Tudo isso não era apenas desmoralizante. Era indiscutivelmente perigoso porque envolvia os judeus num jogo em que estavam fadados a ficarem desacreditados. Como apontei, o jogo se desenrolava numa atmosfera de tensões crescentes. Na Palestina os judeus tinham de se defrontar com a intrusão dos gregos. No Egito, eram eles os intrusos. No século III a.C., ainda estavam cooperando com os gregos no Egito, mas se tornavam impopulares entre os habitantes locais. Sob o nome de Mâneto se difundiram duas teorias a respeito dos judeus. Uma os identificava com os invasores hicsos, e a outra com os leprosos. É uma discussão famosa se o meritório historiador Mâneto foi responsável por alguma dessas teorias. Os judeus se defenderam citando Hecateu de Abdera. E também é uma discussão famosa se o que Flávio Josefo e Eusébio citaram sob o nome de Hecateu é autêntico. Hans Lewy é outro estudioso de quem só se pode discordar por conta e risco próprios, e num ensaio admirável Hans Lewis sustentou que pelo menos o que Josefo cita é autêntico Hecateu. No entanto, tendo a crer que o autêntico Hecateu não poderia ter afirmado, como Josefo o faz afirmar, que Alexandre cedeu aos judeus o território samaritano isento de impostos. Seja autêntico ou não, esse material de Mâneto e Hecateu foi utilizado para propósitos vis de injúrias recíprocas. A obra foi completada com falsificações da poesia grega.

O pior ainda estava por vir. No século II os conflitos religiosos e sociais se tornaram muito mais aguçados. Em 198, quando a Palestina foi transformada em território sírio, logo se envolveu no processo de decomposição do sistema helenístico sob a pressão romana. No Egito, os judeus tiveram de tomar partido nas hostilidades entre as diferentes facções que lutavam por qualquer poder que restasse sob o virtual protetorado de Roma. Foram dirigidas contra os judeus acusações de assassinatos rituais e imprecações antigregas. Alguém insinuou que os judeus adoravam uma cabeça de burro no Templo. A lenda remonta a Mnaseas, escritor da segunda metade do século II a.C. (*c. Apionem* 2.112). Tornou-se amplamente conhecida mediante um livro contra os judeus escrito por Apolônio Mólon, um dos mestres de Cícero.

Não é minha intenção seguir minuciosamente a crônica das injúrias literárias que acompanharam e se sucederam à rebelião macabéia e à instalação muito menos gloriosa da dinastia dos hasmoneus. Em minha próxima conferência, no entanto, discutirei a tradição sobre os Macabeus. O certo é que com a alienação de cena do único documento autêntico – a Bíblia –, a discussão estava fadada a degenerar. Não se permitia aos filósofos criar a sua filosofia. Os *Ersatz* que lhes pediam para produzir, e eles os produziam, eram de qualidade inferior.

Enquanto a paz ainda durava, mas com certa expectativa de perturbação futura, Simon ben Jesus ben Eleazar ben Sira, como aparentemente se chamava, escreveu as suas meditações - o *Ecclesiasticus*. Devem pertencer ao período 190-170 a.C. Ben Sira viajara amplamente (51-13) e o seu escriba ideal era um homem que tivesse percorrido "as terras dos povos" e examinado "o bem e o mal entre os homens" (39.4). Não vejo nenhum sinal evidente de que Ben Sira tivesse lido livros gregos e não creio que necessitasse da *Ilíada* para aprender que os homens "brotam e murcham como folhas em uma árvore" (14.18). Mas seguramente conhecera algo da civilização grega, com as suas escolas filosóficas, os teatros e os ginásios. Previu uma guerra e orou pela vitória do seu povo. Também percebeu antagonismos sociais crescendo na Palestina e recomendou caridade e justiça. Mas na realidade não possuía nenhuma mensagem, nem para vitória nem para reforma. O seu livro, impregnado como estava dos Provérbios e dos Salmos, reafirmava tranqüilamente a fé tradicional judaica contra as tentações do helenismo: "Teme a Deus com todo o teu coração e reverencia os seus sacerdotes" (7.29). Ben Sira exaltou os patriarcas de outrora e descreveu o Sumo Sacerdote Simão filho de Jochanan em sua majestosa aparência quando subiu ao altar (50.11). Concluiu (se for esta a versão correta): "Que a minha alma se regozije na minha Yeshibah" (51.29).

Como avaliação pessoal de cem anos de contatos entre judeus e gregos, era uma declaração notável. Era um retorno à Bíblia por parte de um escriba que vira as conseqüências da helenização. Ao escrever em hebraico e conservar a independência espiritual, homens como Kohelet e Ben Sira salvaram os judeus da esterilidade intelectual que caracterizou a vida egípcia e babilônia na época dos reis helenísticos. Os romanos também evitaram a absorção total nas formas de pensamento helenísticas, mas afinal eram politicamente independentes e logo se tornaram mais poderosos do que qualquer reino helenístico. Os judeus se mantiveram vivos pela mera obstinação da fé. Há, porém, uma outra faceta da história - e será a nossa conclusão por hoje. O texto hebraico de Ben Sira, que acompanhou os sectários do Corão e os defensores de Massada, se perdeu no início da Idade Média e só foi parcialmente recuperado no final do século passado na *Genizah* do Cairo. O livro do homem que repudiou o saber grego subsistiu através dos séculos na versão grega feita por seu neto - que em 132 a.C. emigrou para o Egito.

5
Gregos, Judeus e Romanos de Antíoco III a Pompeu

"É ilícito a qualquer estrangeiro entrar no recinto do templo que é proibido aos judeus, exceto aos que dentre eles estão acostumados a entrar após se purificarem em conformidade com a lei do país. Tampouco se pode trazer para a cidade a carne de cavalos ou de mulos ou de asnos selvagens ou domesticados, ou de leopardos, raposas ou lebres ou, em geral, de quaisquer animais proibidos aos judeus." Este não é um trecho do tratado *Kelim* da Mishná: é um decreto de Antíoco III, rei da Síria, promulgado em torno de 200 a.C. (Josefo *Antiq. Jud.* 12.145-6), e a sua autenticidade foi indiscutivelmente demonstrada por Elias Bickerman, o estudioso que, mais do que qualquer outro, nos ensinou a compreender o judaísmo no seu meio helenístico (*Syria* 25, p. 67-85, 1946-8). Inesperadamente, após dois séculos de obscuridade e lendas, dois documentos oriundos da chancelaria de Antíoco III nos permitem conhecer um pouco da vida de Jerusalém. O segundo documento também é citado por Flávio Josefo (*Ant. Jud.* 12.138-44) e também foi defendido de dúvidas de falsificação por E. Bickerman, *Rev. Étud. Juives* 100, p. 4-35, 1935. O que vemos é um pequeno Estado-templo, cujas estruturas econômicas e sociais tinham sido despedaçadas pelas guerras recentes entre Antíoco III e Ptolomeu V. A Palestina passara do controle egípcio ao controle sírio. Como os judeus estavam divididos nos seus interesses e simpatias, os líderes pró-egípcios tiveram de se refugiar no Egito (Hieron. *in Dan.* 11.14; *P.L.* 25.562). Muitos outros judeus tinham sido escravizados ou fugiram. As finanças e até as estruturas do Templo estavam prejudicadas. Em reconhecimento ao apoio que a maioria da aristocracia judia lhe dera, Antíoco III tentou ajudar os seus novos súditos. Em uma carta a Ptolomeu, o governante local, que conhecemos por outro texto (*OGIS*

230), Antíoco III concede diversas isenções de impostos e subsídios à população judia da Judéia e em especial ao "Senado, sacerdotes, escribas e cantores sacros". Curiosamente, o Sumo Sacerdote não é mencionado de forma alguma nesses documentos: e no entanto era o Simon que Ben Sira descreveu em seu encômio como um restaurador das riquezas de Jerusalém, dentre outras coisas. O rei da Síria vê a Judéia como uma cidade-estado, embora singular, com Senado e outras corporações bem definidas, sacerdotes, escribas, cantores. O fato principal que se apresenta é que o Templo ainda é subvencionado pelo rei da nação, como era sob o domínio persa, segundo um decreto de Dario de 515 a.C. (Esdras 6.9). Parece inteiramente incontestável que essa subvenção, que Artaxerxes I confirmara em 459 a.C., fora mantida por Alexandre e pelos Ptolomeus: posteriormente foi reconfirmada, embora com uma fórmula alterada, por Augusto (Fíl. *Leg. ad Gaium* 157; Jos. *B.J.* 2.409. A economia do Templo, e com ela o culto judaico, dependiam da benevolência do suserano. Antíoco III fixou esse subsídio em 20 mil dracmas de prata mais uma contribuição em espécie em cereais e sal. Não sabemos que proporção do dispêndio total do Templo esse subsídio representava, mas era certamente muito substancial. O preço que se esperava que os judeus pagassem por essa ajuda era a cooperação e a submissão. Por volta de 180, uma divergência entre o Sumo Sacerdote e o supervisor real do Templo na época de Seleuco IV redundou numa inspeção do vizir Heliodoro, outra personalidade bem conhecida por outros testemunhos (*OGIS* 247). Todos nós nos lembramos do que aconteceu. Como o persa Dátis no templo de Atena Líndia na ilha de Rodes (*Inscr. Lindos* 1, 183-4 Blinkenberg), Heliodoro foi detido por milagres e forçado a admitir a presença de um grande deus. Os milagres, que sem dúvida foram imediatamente registrados por uma aretologia contemporânea, mais tarde foram reunidos e fundidos pela fonte de II Macabeus antes do final do século II a.C. Como após a rebelião dos Macabeus ninguém se interessava por um episódio tão secundário, temos aí a voz autêntica da Jerusalém sacerdotal antes do período revolucionário. Como os decretos de Antíoco III, a aretologia acerca de Heliodoro é uma sobrevivência dos tempos corteses em que os Selêucidas subvencionavam o Templo judeu e recuavam se encontrassem resistência. Ainda não se achava à vista nenhum problema importante.

A questão é como, poucos anos após o milagre de Heliodoro, os problemas importantes surgiram. Determinados fatos pertencem à história helenística geral. Os judeus foram apanhados pela guerra entre

Antíoco IV Epífano e Ptolomeu VI Filométor em que o Egito foi salvo em 168 a.C. pela intervenção romana. Antíoco IV, que teve a vitória roubada pelos romanos, tentou enfrentar os problemas econômicos e sociais conseqüentes por meio da interferência nos santuários locais e em suas finanças. Estava interessado em reforçar a vida das cidades gregas e ampliar a helenização dos súditos. O seu caráter imprevisível, que foi notado por Políbio (26.1), era em si parte das circunstâncias. É claro que em todo lugar havia problemas de helenização. Enquanto na Judéia o compilador do Livro de Daniel estava adaptando às circunstâncias a antiga imagem do Quarto Reino, em parte de ferro e em parte de barro (D. Flusser, *Israel Oriental Studies* 2, p.148-75, 1972), em Roma Catão estava fazendo piadas contra os gregos. Uma geração depois, o avô de Cícero, "vir optimus", tinha certeza de que o conhecimento do grego era um sinal de iniqüidade: "ut quisque optime Graece sciret, ita esse nequissimum" (*De orat.* 2.265). Só o nosso deplorável desconhecimento das piadas cartaginesas e partas nos impede de avaliar as reações locais a "pergraecari", palavra que Festo explica como "epulis et potationibus inservire" (p. 235 L.).

Mas o que ocorreu em Jerusalém entre 168 e 164 a.C. estava além dos conflitos internos comuns do estado selêucida. O Templo de Javé foi transformado em um templo de Zeus Olímpico, os habitantes de Jerusalém foram denominados antioquianos e a misteriosa Acra, a fortaleza, foi ocupada por uma guarnição síria: práticas tradicionais judias, como a circuncisão e a observância do sábado, foram proibidas. Desde tempos imemoriais era inaudita no mundo de fala grega uma tamanha interferência nos cultos ancestrais de uma nação. Pelo menos uma parte dos judeus sentiu que a única resposta era uma guerra santa. Judas Macabeu surgiu como o novo líder da nação. Em três anos, provavelmente por volta de dezembro (Kislev) de 164, o culto ancestral foi restabelecido no Templo. No entanto, estava fora de cogitação um retorno às relações normais entre um estado-templo e o soberano selêucida. Havia demasiados pretendentes ao frágil trono sírio para que tal retorno fosse possível. Politicamente, a rebelião macabéia logo se transformou numa guerra pela independência. Como a independência só era possível com a ajuda e a autorização romanas, a independência na realidade significava tornar a Judéia um estado vassalo de Roma. O primeiro passo nessa direção foi dado por Judas em 161 a.C., quando fez o tratado de aliança com os romanos. Culturalmente, os judeus palestinos tinham de enfrentar a crescente diferenciação da diáspora, tanto na Mesopotâmia quanto no Egito; tinham também de dirigir eficientemente um estado num meio helenístico. Religiosamente, a rebelião criara uma antinomia. O repúdio ao helenismo em Jerusalém era sem dúvida uma reafirmação da fidelidade da comunidade judia ao Deus de Abraão, Isaac e Jacó, mas era ao mesmo tempo o resultado de muitas escolhas individuais. A milhares de pessoas se apresentara uma alternativa e tinham decidido de acordo com uma inspiração interior. Algumas, ao atender ao chamado, tinham sido submetidas ao martírio. A perseguição de Antíoco e o martírio dos Sete Irmãos caracterizavam a situação. O martírio era de fato o novo valor da época. Mas onde existe martírio, existe o direito à secessão. Os monges do Qumran e mais tarde os cristãos obtiveram a firmeza no não-conformismo nas mesmas fontes que Judas Macabeu descobrira no deserto da Judéia. O andamento lento de análise e adaptação mútuas entre judeus e helenos foi substituído por um febril crescendo de conflitos.

II

A pergunta, portanto, a que gostaríamos de poder responder é o que de repente criou essa situação nova e sem precedentes na vida religiosa da antiguidade. O fato de que dificilmente se discute a principal seqüência de acontecimentos encobre a nossa ignorância do verdadeiro processo. Com os Macabeus nos sentimos no limiar de uma nova época, o fim da tolerância e o início da perseguição, e naturalmente desejamos saber o que ocasionou essa mudança e como os protagonistas viam os acontecimentos de que participavam. Há dificuldades descomunais para tentar elucidar a situação. Os historiadores do judaísmo, ou aliás do helenismo, raramente estão preparados para admitir a plena extensão da nossa ignorância, que só parcialmente se deve à escassez e às contradições dos dados. Há uma dificuldade intrínseca em compreender mesmo os episódios muito simples e comparativamente bem documentados das guerras religiosas. Por duas vezes os meus sanguíneos piemonteses tentaram se livrar dos protestantes nos portões da cidade. Fracassaram em ambos os casos. Em 1602 foram derrubados dos muros de Genebra que haviam atacado de surpresa. Em 1689 não conseguiram impedir a volta belicosa dos valdenses aos seus vales natais. A Escalada e a Grande Rentrée são respectivamente para os calvinistas de Genebra e para os valdenses de Torre Pellice o que a reconsagração do Templo é para os judeus, e apresentam o mesmo problema não só de separar os fatos das lendas, mas de entender o significado dos fatos. O pastor Henri Arnaud, o Judas Macabeu dos valdenses, foi a *longa manus* da Inglaterra? Tal proposição é de fato significativa?

Para começar, estamos privados da versão selêucida, ou de modo mais geral da versão helênica, dos acontecimentos na Judéia. Uma série de documentos tanto no Primeiro quanto no Segundo Livros dos Macabeus reflete - creio que em sua maioria de forma inteiramente autêntica - o declínio do poder sírio na Judéia, mas não oferece nenhuma pista clara quanto às intenções de Antíoco IV em helenizar Jerusalém. Os relatos de Políbio e Posidônio estão quase inteiramente perdidos. Talvez seja possível reconhecer traços da versão de Nicolau de Damasco no relato de Josefo em *Bellum Judaicum* 1 se o compararmos com a história muito mais minuciosa narrada por Josefo em *Antiquitates Judaicae*. Mas se Josefo utilizou Nicolau de Damasco, reinterpretou-o em termos judeus. A outra hipótese de que, por sua vez, Nicolau de Damasco talvez tivesse utilizado Políbio demonstra apenas que não vale a pena levar o assunto adiante. Não nos resta nenhum relato genuíno das guerras entre os selêucidas e os judeus partindo do ponto de vista grego. O que temos são algumas alusões bastante vagas em fontes posteriores. A mais importante naturalmente está na digressão de Tácito sobre os judeus nas *Histórias*. Tácito adota a opinião de que Antíoco IV tentou desenvolver os judeus abolindo as suas superstições e lhes dando costumes gregos: "demere superstitionem et mores Graecorum dare adnisus, quo minus taeterriman gentem in melius mutaret" (5.8). O segundo em importância é o cronista do século IV João Malalas de Antióquia (*Chronographia*, 205-7 Dindorf). Ele narra que em épocas de escassez os judeus tinham dificuldade em obter cereais do Egito e Antíoco IV declarou guerra ao Egito para ajudar os seus súditos. Mas, após uma derrota, os judeus se rebelaram e naturalmente Antíoco IV se voltou contra eles, matou todos os habitantes de Jerusalém e converteu o Templo em um santuário pagão. A narrativa é em grande parte constituída de temas lendários, reminiscências bíblicas e hostilidade cristã. Afinal, destina-se a explicar como os cristãos se apoderaram de uma sinagoga judia em Antióquia que conservava, de acordo com outra fonte, o manto de Moisés, os fragmentos remanescentes das tábuas da Lei, as chaves da Arca e outros tesouros. Por trás da narrativa de João Malalas provavelmente existe uma versão selêucida que apresenta os judeus simplesmente como rebeldes contra a autoridade de Antíoco IV, mas não é uma versão que possamos utilizar de forma fidedigna para a reconstrução dos acontecimentos (E. Bickerman, *Byzantion* 21, p.63-83, 1951).

III

Há, naturalmente, uma profusão de depoimentos judeus. Contudo, na minha opinião, os dois únicos relatos contínuos dos acontecimentos - o Primeiro e o Segundo Livros dos Macabeus - não podem ser considerados testemunhos contemporâneos dos fatos. O estilo do Primeiro Livro dos Macabeus se denuncia como uma tradução de um texto hebraico: aparentemente São Jerônimo ainda viu o original hebraico (*Div. Biblioth.*, P.L. 28.556) e Orígenes ainda conheceu o título hebraico, que nos foi transmitido de forma adulterada e ininteligível, *Sarbethsabanaiel* (ap. Euséb. *H.E.* 6.25.2). O texto se interrompe com a morte de Simão em 135 e provavelmente foi escrito na época do seu sucessor João Hircano, ou seja, antes de 104. A rigor, a data da tradução grega é desconhecida, embora um *terminus ante quem* seja fornecido por Flávio Josefo, que a utilizou amplamente - com a possível exceção dos três últimos capítulos (um detalhe que diz respeito a Josefo, mas não à integridade de I Macabeus). Como a tradução grega é obviamente fiel ao original hebraico, a data da tradução é irrelevante para o seu valor como fonte histórica.

O Segundo Livro dos Macabeus se apresenta como uma síntese de uma obra em cinco livros produzida por Jasão de Cirene, que quanto ao mais é desconhecido (2. 19-28). Não há motivo para duvidar da justeza da afirmação. O epítome começa com duas cartas. A primeira carta, dos judeus da Judéia para os judeus do Egito, recomenda a celebração da Festa da Purificação do Templo e é datada de 124 a.C. A segunda carta, de Judas Macabeu e do povo de Jerusalém para Aristóbulo, "conselheiro do rei Ptolomeu (Filométor)", aparentemente é datada de 164 a.C.: narra a história do fim de Antíoco IV e a instituição da Festa da Purificação do Templo. Muito provavelmente a primeira carta é autêntica; a segunda provavelmente é forjada e pretendia reforçar a primeira carta. Nada poderia causar aos judeus do Egito uma impressão mais favorável do que uma carta de Judas Macabeu a Aristóbulo, o respeitado escritor judeu-egípcio que irá reaparecer na nossa narrativa. Se o epitomista tivesse acrescentado as duas cartas à sua síntese da história de Jasão, o epítome teria de ser datado de após 124 a.C. A única alternativa possível é admitir que um interpolador posterior acrescentou as duas cartas ao epítome de Jasão. Embora a teoria de uma terceira mão - o interpolador do epitomista de Jasão - tenha várias vezes sido proposta - e até recentemente por Diego Arenhoevel no seu excelente livro *Dio Theokratie nach dem I. un II Makkabaerbuch* -, nunca a considerei corroborada por provas suficientes.

Conheço apenas um motivo importante para suspeitar de interpolações no texto atual de II Macabeus. É o versículo 10.1, em que Judas Macabeu é denominado Makkabaîos sem o artigo precedente, enquanto em outras dezenove passagens Makkabaîos é precedido pelo artigo. No entanto, a um exame mais atento, esse argumento lingüístico é menos impressionante. A expressão em que Makkabaîos aparece sem o artigo é *Makkabaîos dè kaì hoi sun autôi*, "Macabeu e os seus companheiros", que não tem paralelo nos outros dezenove casos em que Makkabaîos é precedido pelo artigo. A única passagem paralela é 8.1 onde se lê *Ioudas dè ó kaì Makkabaîos kaì hoi sùn autôi*, "Judas o Macabeu e os seus companheiros". Ali o nome Ioudas está sem artigo, assim como Makkabaîos está sem artigo em 10.1. Não tenho conhecimento de nenhuma pesquisa minuciosa sobre o emprego do artigo com nomes próprios em II Macabeus. Até novas pesquisas, não posso considerar que a palavra Makkabaîos em 10.1 seja incompatível com a linguagem do restante do livro e, portanto, prova de interpolação.

A interpretação óbvia do Segundo Livro dos Macabeus é que o autor estava interessado em difundir a celebração da Festa da Purificação do Templo entre os judeus egípcios. Recomendava essa celebração tanto pela síntese da história de Jasão de Cirene - que forneceu um relato dos acontecimentos - quanto pela inserção das duas cartas de judeus palestinos que convidavam os judeus egípcios a participar da celebração. O próprio epitomista enfatiza que está escrevendo a certa distância dos acontecimentos porque encerra a narrativa com as palavras: "A partir deste dia Jerusalém permaneceu em poder dos judeus." Se 124 a.C. é o provável *terminus post quem* para II Macabeus, o *terminus ante quem* é a ocupação da Judéia por Pompeu. A importância dada ao novo Festejo da Purificação do Templo favorece uma data no final do século II a.C. Em outras palavras, tendo a colocar I e II Macabeus nas últimas décadas do século II a.C., aproximadamente quarenta ou cinqüenta anos após a morte de Antíoco IV em 164 a.C. As duas principais fontes judias foram escritas quando a Judéia tinha se tornado um estado independente e expansionista. A trajetória muito temerária da sua política naquela época apresentava pouca semelhança com a luta mortal em termos religiosos do período de Antíoco IV. Devemos ter presente a possibilidade de que, nos seus relatos de acontecimentos distantes, os dois livros reflitam uma atmosfera posterior. O Primeiro Livro dos Macabeus é uma história dinástica dos hasmoneus e apresenta um ponto de vista incoerente e contraditório sobre a política de Antíoco IV. Quando Antíoco se tornou rei, alguns judeus sem lei obtiveram permissão para realizar os ritos dos pagãos em Jerusalém: abandonaram a circuncisão e construíram ginásios. Em seguida, porém, após invadir o Egito, o próprio Antíoco saqueou o Templo de Jerusalém, ocupou Acra com uma guarnição e ordenou a todos os povos em seu reino que renunciassem às próprias leis. A essa altura do relato, Antíoco se tornou um helenizador muito além da Judéia e o grupo helenizado de Jerusalém já não tem qualquer papel relevante na narrativa. Em contraste, II Macabeus centraliza firmemente a narrativa nas iniqüidades dos helenizadores judeus e nos conflitos entre as diversas facções judias. Insiste até o fim na existência e nas atividades dos oponentes a Judas Macabeu, incluindo o antigo Sumo Sacerdote Alcimo. Devemos a II Macabeus a informação de que o Templo de Jerusalém e o templo samaritano na colina Garizim foram transformados em templos gregos (de Zeus Olímpico e de Zeus Xênios) e que os festejos das Dionísias eram celebrados em Jerusalém. II Macabeus não está interessado em acompanhar o destino do templo samaritano, que indiretamente se deve ter beneficiado com a rebelião de Judas Macabeu.

Não surpreende que a versão de II Macabeus nos atraia como mais compatível e mais próxima à nossa experiência. Como é bem sabido, foi transformada na base da reorganização dos acontecimentos por V. Tcherikover e E. Bickerman. A existência de um forte grupo helenizante em Jerusalém, que pediu e obteve o apoio do rei selêucida, explica o que em termos helenísticos era o comportamento excepcional de Antíoco IV. Além disso, a analogia dos movimentos de assimilação entre os judeus no século XIX - com a instituição de sinagogas reformadas no estilo protestante - cria uma presunção de verdade nessa versão. A existência de um grupo helenizante na Judéia por volta de 170 a.C. pode de fato ser tida como certa. A questão, porém, é se II Macabeus não apresenta uma flagrante simplificação dos acontecimentos que nos leva a analogias enganosas. II Macabeus não é um livro que possa ser usado sem um certo exame mais rigoroso. Pode dizer aos leitores que Antíoco IV, em perigo mortal, prometeu "se tornar judeu e percorrer todos os lugares habitados a fim de proclamar o poder de

Deus'' (9.17). Devemos nos voltar para os únicos documentos autênticos que podem ser datados entre 167 e 164 a.C. e mostram o avanço da perseguição: a petição dos samaritanos de Sichem a Antíoco IV que é relatada por Flávio Josefo (*Ant. Jud.*) 12.258 ss.) e o Livro de Daniel.

IV

Não posso incluir nenhum salmo entre os documentos contemporâneos incontestáveis, pois confesso a minha incapacidade de datar qualquer salmo com segurança no período macabeu. Como não temos nenhum relato contemporâneo contínuo da perseguição de Antíoco IV e da reação macabéia, não vejo como possamos concluir se um Salmo pode ser classificado como macabeu. O Manuscrito de Salmos do Qumran demonstrou que no século II ou mesmo no século I a.C. a coleção dos salmos ainda estava aberta a modificações. Mas não podemos esperar que algum salmo que reflita os anos de opressão e revolta seja exatamente comparável com a situação descrita nos Livros dos Macabeus a partir de um ponto de vista posterior. E se não podemos utilizar os Livros dos Macabeus dessa maneira, estão faltando inteiramente determinados termos de comparação. Por exemplo, um dos fortes candidatos como Salmo Macabeu tem sempre sido o 74: ''Ó Deus, por que nos rejeitais para sempre? Por que se inflama a vossa ira contra as ovelhas do vosso pasto? Recordai-vos da vossa congregação, que adquiristes desde a antiguidade.'' O local aí pressuposto é um santuário em chamas, com ruínas perpétuas e símbolos pagãos. Como o salmista não menciona a destruição da cidade ou a deportação do povo, dificilmente o contexto pode ser a destruição de Jerusalém em 586 a.C. Mas a descrição também não corresponde ao que nos é dito nos Livros dos Macabeus sobre a profanação do Templo em 167 a.C., quando só o aposento dos sacerdotes foi destruído e só as portas foram queimadas (I Mac. 4.38; II Mac. 1.8; 8.33) - ao passo que o grande acontecimento, não mencionado no salmo, foi ''a abominação da desolação sobre o altar''. No século V d.C. Teodoreto sentiu a dificuldade quando, na sua análise admirável, viu nesse salmo uma profecia do incêndio do Templo por Tito (*P.G.* 80.1453). Ou o salmo dá uma versão diferente dos acontecimentos de 167 ou se refere a algum outro distúrbio que não deixou vestígio na nossa tradição, por exemplo durante as guerras dos sucessores de Alexandre no final do século IV.

Restam-nos, portanto, apenas dois depoimentos contemporâneos incontestáveis quanto à situação religiosa do período de perseguição - como eu disse, o Livro de Daniel e a petição dos samaritanos de Sichem que desejavam dedicar o seu tempo a Zeus, e mais exatamente a Zeus Helênio (Jos. *Ant. Jud.* 12.258 ss.). Os samaritanos fizeram uma petição ao rei sírio para se dissociarem dos judeus, serem considerados sidônios e darem ao seu deus o nome de Zeus Helênio: "Agora procedestes com os judeus como merece a sua iniqüidade, mas os funcionários do Rei, na crença de que adotamos as mesmas práticas que eles mediante parentesco com eles, estão nos envolvendo em acusações semelhantes, quando somos sidônios por ascendência, como é evidente pelos nossos documentos de estado. Rogamo-vos, portanto, como nosso benfeitor e salvador, que ordeneis a Apolônio, o administrador da região, que não nos moleste de forma alguma, já que somos diferentes deles tanto na origem quanto nos costumes (...) e solicitamos que o templo sem nome seja conhecido como de Zeus Helênio" (*Ant. Jud.* 12.260 ss.). Esse texto confirma determinados aspectos da situação descrita por II Macabeus. Assim como o Templo de Jerusalém recebeu como novo nome o de Zeus Olímpico, o santuário da colina Garizim receberia o nome de Zeus Xênios (6.1-2). Os samaritanos queriam ser tratados como sidônios, assim como os habitantes de Jerusalém eram então tratados como antioquianos. Não posso aceitar a teoria de M. Delcor de que esses sidônios de Sichem eram genuínos fenícios, e não samaritanos (*Zeitschr. Deutsch. Palästina-Ver.* 78 (1962), 2, 4-48). Não vale a pena discutir a divergência entre o documento de Josefo e II Macabeus a respeito do nome que o templo samaritano ia receber: Zeus Helênio segundo uma fonte, Zeus Xênios segundo a outra. O que o documento samaritano acrescenta a II Macabeus é que os samaritanos solicitaram ao rei o nome do templo. Não só não há prova de que os habitantes de Jerusalém fizeram o mesmo, como a petição dos samaritanos indica claramente que não o fizeram. O gesto samaritano foi uma tentativa de se antecipar ao rei e evitar a extensão das medidas antijudaicas aos samaritanos. Longe de ser moldada numa petição de helenizadores de Jerusalém, a petição samaritana impossibilita a existência de um modelo judeu. Para estabelecer mais nitidamente a questão, o documento samaritano invalida a teoria de que os helenizadores judeus tiveram a palavra decisiva para persuadir Antíoco IV a transformar o Templo de Jerusalém num templo de Zeus Olímpico.

Essa conclusão é confirmada pelo Livro de Daniel. Como o conhecemos, o Livro de Daniel dedica a sua segunda metade - isto é, os capítulos 7-12 na Bíblia hebraica - a visões em que facilmente se reconhece Antíoco IV. Na visão dos Quatro Animais no capítulo 7, Antíoco "muda os tempos e a lei" e o seu poder durará "um tempo e tempos e meio tempo" (7.25): talvez três anos e meio. O capítulo 8 revela que a profanação do Templo durará duas mil e trezentas tardes e manhãs (8.14), o que pode ser interpretado como 2.300 dias ou 1.150 dias. Como o Templo foi profanado, segundo a cronologia mais provável, aproximadamente em dezembro de 167 e reconsagrado aproximadamente em dezembro de 164, devemos considerar que a interpretação correta de Daniel é a segunda, que equivale a cerca de três anos, que está em conformidade aproximada com o "tempo, tempos e meio tempo" do capítulo anterior. O belo capítulo 9 é muito mais difícil do ponto de vista das especulações cronológicas, pois é uma reinterpretação dos "setenta anos para as desolações de Jerusalém" de Jeremias (9.2): mas em 9.27 parece haver uma reafirmação do período de três anos e meio para a suspensão do culto no Templo. Por fim, na visão dos dois anjos que encerra o livro, o tempo da perseguição é novamente estabelecido em "um tempo, tempos e metade de um tempo" (12.7), ou seja, três anos e meio. A profecia se torna mais exata igualando-a a 1.290 dias e em seguida acrescentando outros 45 dias (12.11-12) - para desespero do intérprete moderno, mas provavelmente para inteira satisfação do leitor contemporâneo que lia a profecia exatamente quando ela se cumprira. Com o risco de ser considerado um grande simplificador, atrevo-me a afirmar que o autor de Daniel 7-12 evidentemente estava escrevendo ou pelo menos dando os últimos retoques em suas profecias imediatamente após a reconsagração do Templo (em dezembro de 164?). Ele ainda não sabia, como agora sabemos graças à tabuinha cuneiforme B.M. 35603, que Antíoco IV morrera na Pérsia alguns dias ou semanas antes da reconsagração do Templo (A. J. Sachs e D. J. Wiseman, *Iraq* 16, p.212, 1954). Na sua única tentativa de uma profecia autêntica, o autor de Daniel - ou pelo menos da segunda metade - predisse que Antíoco IV sairia para a morte numa nova guerra contra o Egito - e mais precisamente "entre os mares e o formoso monte santo" (11.45), ou seja, entre o Mediterrâneo e Jerusalém. Isso não ocorreu. Como profeta, Daniel tinha as suas limitações. Apesar de ter conhecimento da intervenção de Roma em 168 a.C., que livrou o Egito de ser conquistado pela Síria, ele profetizou outra guerra entre o Egito e a Síria, como se os romanos não tivessem novamente intervindo. Estava tão absorvido pela rivalidade entre o Egito e a Síria que atribuiu relativamente pouca importância ao fato de que a monarquia selêucida ainda tinha um grande interesse no planalto iraniano (ver, porém, 8.5). Tudo isso estreitava o horizonte das suas visões. Mas dentro dos seus próprios termos de referência ele era bem informado e atento. Possuía o conhecimento das relações dinásticas entre Selêucidas e Ptolomeus que era necessário a um observador judeu. O que é característico da sua interpretação é que ele não atribuía nenhuma importância ao movimento macabeu. Talvez haja uma alusão em 11.34 "ao caírem, serão ajudados com um pequeno socorro; mas muitos se juntarão a eles com lisonjas". Nesse caso, minimiza Judas e os seus companheiros como " um pequeno socorro" e até dá a entender que alguns desses companheiros se juntaram às fileiras não porque acreditassem na causa, mas sob falsos pretextos. Daniel sem dúvida admite a presença de um grupo helenizador. A confissão de pecados no capítulo 9, embora formulada em termos tradicionais, deve por ora ter um significado. No capítulo 9.27 pode até haver uma alusão a um acordo entre Antíoco e os helenizadores ("e ele fará com muitos uma sólida aliança por uma semana"). Mas a impressão que um leitor imparcial de Daniel recebe é de que ele não atribui mais importância aos helenizadores do que aos seus rivais, os companheiros de Judas Macabeu. Vê Jerusalém no contexto da luta entre a Síria e o Egito e de modo mais geral dentro da estrutura dos reinos que se originaram das conquistas de Alexandre. A seus olhos, a atual luta entre o Egito e a Síria está assumindo proporções apocalípticas. A Síria, ou melhor Antíoco, macula o Templo de Jerusalém nas vésperas de uma guerra final que lhe dará a vitória sobre o Egito, mas que logo será seguida pela libertação dos judeus e pelo Juízo Final: "E muitos dos que dormem no pó da terra despertarão, uns para a vida eterna e outros para a ignomínia e a infâmia eterna" (12.2).

Naturalmente é muito difícil para nós nos conformarmos com tal perspectiva. Mas devemos salientar que Daniel é o único testemunho contemporâneo do lado judeu: transmite-nos como pelo menos um judeu achava que era a situação em torno de 164 a.C., imediatamente após a reconsagração do Templo mas antes que a morte de Antíoco IV fosse conhecida. Não é a perspectiva de um homem dominado pelo temor e pelo ódio aos helenizadores. Há um domínio estrangeiro que trouxe consigo a contaminação: a contaminação cessou e o Juízo Final está próximo. Reconhecidamente, a teologia do final dos tempos é bastante vaga: Daniel não parece esperar uma ressurreição universal dos mortos.

O Livro de Daniel nos conta algo sobre a visão interior que inspirava os inimigos de Antíoco IV ao enfrentar o combate e o martírio. Tampouco o Livro de Daniel está necessariamente sozinho nessa perspectiva. Se o capítulo 90 do etíope Enoque foi escrito antes da morte de Judas Macabeu, como parece provável, contém uma mensagem comparável. O próprio Deus estabelece uma nova Jerusalém e uma figura semelhante ao Messias aparece no final, "o cordeiro que se transformou num grande animal e tinha grandes chifres negros na cabeça". O Livro dos Jubileus, se foi escrito em torno de 120 a.C., confirma as expectativas messiânicas daquela época. I e II Macabeus perderam o sentido apocalíptico da luta. Mas a ressurreição para um Reino Messiânico está sem dúvida implícita nas palavras da mãe dos Sete Mártires em II Macabeus: "Não temas esse algoz, mas mostrando-te digno dos teus irmãos, aceita a morte para que na misericórdia de Deus eu possa novamente te receber com os teus irmãos." Assim o Livro de Daniel fornece o primeiro indício daquela interpretação apocalíptica das lutas contemporâneas que se tornaria uma característica comum das rebeliões posteriores dos judeus contra o domínio estrangeiro. Os Messias surgiram, como todos nós sabemos, sob as procuradorias de Cúspio Fado e Antonius Felix, e Josefo os execrou como homens que iludiram e ludibriaram o povo com a simulação de ter recebido de Deus, no deserto, os presságios da liberdade (Jos. *Ant. Jud.* 20.97 ss e 20.167 ss.; *Bell. Jud.* 2.258 ss.). O Manuscrito do Qumran sobre a guerra entre os Filhos da Luz e os Filhos das Trevas - sejam quais forem a data e a finalidade - é a formulação mais idiossincrática desse tipo de interpretação apocalíptica de uma conjuntura política. Posteriormente, IV Esdras, que foi escrito em torno de 100 d.C., continha visões da era messiânica no mesmo contexto da luta anti-romana. Após a destruição do Segundo Templo muitos rabinos esperavam um Messias, e o maior deles, o rabino Akiva, encontrou o seu Messias em Bar-Kochba na época de Adriano, embora seja muito discutível se o próprio Bar-Kochba sequer reivindicou *status* messiânico. Após Bar-Kochba, os rabinos tinham bons motivos para desconfiar de qualquer movimento apocalíptico no judaísmo. Mas agora podemos ver que a interpretação apocalíptica da história surgiu da confrontação com os gregos por volta de 165 a.C. Se II Macabeus revela um aspecto verdadeiro das atividades de Antíoco IV ao enfatizar a cooperação de judeus helenizados, isso é um pouco menos do que toda a verdade.

V

Mas o fim do mundo não acontece cada vez que as pessoas o esperam. Os judeus tiveram de enfrentar o mundo como ele era, e era um mundo em que predominavam os costumes gregos e procônsules romanos faziam a lei. Ao tentar associar um governo teocrático no antigo estilo judeu com um principado segundo o modelo helenístico, os hasmoneus se viram envolvidos em dificuldades e contradições maiores do que as normais. Tentaram ampliar o território do estado, o que talvez fosse essencial à sua sobrevivência. Mas achavam que não podiam admitir não-judeus como súditos e por isso se arriscaram a uma política de conversões forçadas que afinal resultou na subida ao trono de Jerusalém do idumeu Herodes, mal judaizado. Ao passo que durante o século I a.C. o pensamento religioso judeu como tal se caracterizava por uma ampla tolerância para com as diferentes opiniões, os conflitos entre os líderes políticos e religiosos, sobretudo da seita farisaica, eram mortíferos. O jogo diplomático exigia conhecimento do estilo grego e observância das convenções gregas. A primeira embaixada judia a Roma na época de Judas Macabeu parece ter incluído o historiador Eupólemo, que escreveu uma história dos judeus em grego e afirmou que os fenícios - e conseqüentemente os gregos - tinham aprendido a arte da escrita com Moisés (cf. I Mac. 8.17).

O vínculo familiar entre os judeus e os espartanos não foi inventado pelos hasmoneus. Obrigado a abandonar Jerusalém por volta de 168, o Sumo Sacerdote Jasão decidiu ir para Esparta, evidentemente porque a lenda de os espartanos serem parentes dos judeus já obtivera aceitação geral (II Mac. 5.9). Mas coube aos hasmoneus tirar partido dessa lenda para obter respeitabilidade política. Afinal, dizia-se que os espartanos eram parentes dos sabinos, que haviam dado muitas viúvas e alguns reis aos romanos. O Primeiro Livro dos Macabeus cita uma carta de Jônatas o Macabeu aos espartanos que provavelmente é autêntica (12.6) e uma carta dos espartanos ao seu sucessor Simão que sem dúvida é autêntica (14.20). Uma carta do rei Ário de Esparta aos judeus, que dataria a descoberta da ligação familiar na primeira metade do século III a.C., provavelmente foi forjada para fornecer um antecedente à correspondência autêntica do século II (cf. 12.7).

Algumas dessas operações diplomáticas podem só ter sido realizadas para a satisfação dos próprios judeus. I Macabeus contém, como todos nós sabemos, um dos mais notáveis encômios de Roma em toda a antiguidade. Reflete, melhor do qualquer página de Políbio, o assombro do homem comum diante do predomínio do poder romano da Espanha à Ásia Menor (cap. 8). Foi escrito originalmente em hebraico e portanto não para o exame dos não-judeus. Mas qual não-judeu o leria mesmo na tradução grega de I Macabeus?

Em termos de organização política e econômica, seguramente os judeus estavam mais helenizados depois da revolução macabéia do que antes dela. Mas cada uma das principais seitas judias desenvolveu um estilo de vida que, por sua vez, mantinha a helenização na superfície. Uma nova devoção à Lei (seja escrita ou oral), uma regulamentação cada vez mais minuciosa das obrigações religiosas, uma meditação mais intensa sobre as relações entre a sabedoria divina e a fragilidade humana, e por fim uma expectativa intermitente, mas muito real, das perturbações da Era Messiânica reduziram o impacto dos costumes estrangeiros. O helenismo já não representava um perigo mortal.

É digno de nota que os judeus palestinos transmitiram o novo vigor da sua fé aos judeus que não haviam participado da revolução macabéia e que bem podiam ter reagido desfavoravelmente a ela. Esse aspecto da vida intelectual judia nunca foi tratado com a atenção que merece. Como eu disse anteriormente, a unidade do judaísmo estivera em questão desde os tempos de Alexandre. Foi defendida por um meticuloso trabalho missionário, por livros edificantes e pela prática das peregrinações a Jerusalém. Mas o perigo da desintegração se tornou muito maior após a proclamação de um estado judeu independente na Palestina. Contudo, Jerusalém conseguiu se manter como o centro da religião judia. Bem podia ter se dado de modo diferente. Os judeus mesopotâmios ainda estavam unidos aos judeus palestinos por uma língua comum, embora o aramaico falado pelos judeus palestinos deva ter apresentado diferenças consideráveis do aramaico falado pelos judeus mesopotâmios. Mas os judeus mesopotâmios tinham uma sólida tradição de lealdade aos selêucidas, ao passo que só por volta de 200 a.C. os judeus palestinos tinham se tornado parte do estado sírio. De bom grado os selêucidas utilizaram os judeus mesopotâmios como soldados e a contribuição dos judeus babilônios à defesa da sua cidade durante um ataque inimigo foi considerada tão célebre pelo autor de II Macabeus que ele não achou necessário especificar as circunstâncias (8.20). Os judeus mesopotâmios não participaram da rebelião macabéia e aparentemente não foram afetados por ela. Algumas décadas depois, se tornaram ainda mais distantes ao passarem com toda a Mesopotâmia para o controle dos partos. As fontes são estranhamente silenciosas a respeito dos primeiros cem anos dos judeus mesopotâmios sob o domínio parto. Só Plínio o Velho interrompe o silêncio ao nos dizer que um certo Zachalias Babyloniensis - certamente um judeu chamado Zacarias - escreveu um livro dedicado a Mitridates (Eupátor?) acerca da influência de pedras preciosas sobre o destino humano: esse livro deve ter sido escrito em grego (*N.H* 37.60.169). Um episódio, porém, basta para mostrar que os judeus babilônios não tinham sido arrastados pelas circunstâncias. Por volta de 30 a.C. um rapaz pobre da Babilônia impressionou os grandes rabinos de Jerusalém. Shemayah e Abtalião se disseram (segundo o relato talmúdico): "Esse homem merece que o sábado seja profanado em seu favor" (*b. Yoma* 35 b). Era Hillel que - como diz o Talmude em outro ponto - assim como Esdras provinha da Babilônia e restabeleceu a Torá.

Os judeus do Egito representavam um problema muito mais difícil. Falavam uma língua diferente, tinham uma Bíblia própria e pensavam de forma diferente. Em torno de 160 a.C., surgiu entre eles um pensador original, Aristóbulo, que aplicou à Bíblia uma interpretação alegórica e preparou o terreno para Fílon. É difícil compreender por que Clemente de Alexandria o denominou peripatético (*Strom.* 1.72.4), mas talvez o detalhe importante é que ele não estava referido a nenhuma escola filosófica, porque isso era inteiramente insólito para um judeu do século II a.C. Aristóbulo citou escritores gregos - autênticos ou forjados - para comprovar a veracidade da Bíblia e dependência dos gregos do saber judeu. Afirmava particularmente que Platão podia ter conhecido a Torá porque havia uma tradução mais antiga do que a patrocinada por Ptolomeu Filadelfo. Aristóbulo, no entanto, foi também o primeiro a conferir autoridade à tradição de que a tradução da LXX se devia à iniciativa de Ptolomeu Filadelfo e seu conselheiro Demétrio de Falero. Quase certamente escreveu o seu livro, que era dedicado a Ptolomeu Filométor, antes da publicação da Carta de Aristeas e pode de fato tê-la inspirado.

A Carta de Aristeas com a sua firme proclamação do valor sagrado da LXX é naturalmente outra indicação impressionante do grau de independência que os judeus egípcios alcançaram na sua vida religiosa. Não creio que a Carta de Aristeas deva ser considerada um Manuscrito Festivo, algo como o Livro de Ester, a ser lido todos os anos nas sinagogas alexandrinas no dia em que (como sabemos por Fílon) os judeus alexandrinos comemoravam a tradução (*De vita Mosis* 2.41). Para não mencionar outras objeções, a Carta é demasiadamente longa para tal finalidade. Mas a Carta se transformou na explicação oficial da tradução. Como tanto Aristóbulo quanto pseudo-Aristeas mostram, os judeus alexandrinos eram inteiramente devotados aos reis ptolomaicos e exibiam algo parecido a um patriotismo egípcio. Sabemos que outro historiador egípcio judeu do século II a.C., Artapano, fez de Moisés o criador do culto egípcio dos animais (Eus. *Praep. Evang.* 9.27.4): declaração que causou tanto pesar a estudiosos muito respeitáveis do século XIX, como J. Freudenthal (*Alexander Polyhistor*, 143-74) e A. von Gutschmid (*Kl. Schriften* II, 184), que os fez crer que só poderia partir de um judeu tentando passar por um não-judeu.

Outro documento muito característico desse judaísmo egípcio centrado em si mesmo provavelmente pode ser encontrado na história de *José e Asenet*. Essa história, cujo original é em grego, desfrutou de grande popularidade entre os cristãos desde a antiguidade remota até o final da Idade Média numa série de traduções vernáculas que incluíam o etíope, o armênio, o velho eslavo e o médio inglês. Os estudiosos modernos dos clássicos a esqueceram. Mas nos últimos vinte anos voltou à moda, pelo menos nos grupos esotéricos. De repente, os estudiosos dos clássicos suspeitaram de que *José e Asenet* talvez seja o mais antigo romance grego existente. Os estudiosos do Novo Testamento o consideraram importante para o problema da natureza da Última Ceia. E, de forma mais geral, os que buscam símbolos encontraram um novo texto para interpretar em seu próprio nível. O caráter do livro e o problema da data são de fato inseparáveis. Mas primeiramente devo deixar claro que partilho da opinião majoritária de que o texto grego é de autoria judia, e não cristã. Quando a opinião minoritária inclui os nomes de Erik Peterson e Arthur Darby Nock, naturalmente se deve agir com cautela. Mas nenhum deles na realidade sustentou a hipótese de um romance cristão sem um modelo judeu, para repetir a formulação de Nock (*Essays* II, 900 n. 14; cf. E. Peterson, *Enciclopedia Cattolica*, s.v. Aseneth). O fato é que o livro narra a história da conversão de uma moça egípcia ao judaísmo e todas as suas imagens e a sua teologia são inconfundivelmente judeu-helenísticas. O Livro do Gênesis na Bíblia corrente nos deixa curiosos a respeito da misteriosa Asenet, filha de Putifar, sacerdote de Om (Heliopólis), que foi dada pelo Faraó como esposa a José e lhe gerou os dois filhos, Manassés e Efraim (41.45; 41.50-2). Até que ponto, Asenet era bela? E por que José se casou com uma não-judia? Era um excelente ponto de partida para um judeu que desejava reafirmar os velhos laços dos judeus com o Egito e ao mesmo tempo fazer prosélitos entre os vizinhos. Asenet é apresentada nas circunstâncias mais românticas como uma convertida ao judaísmo extremamente bela. O filho do

Faraó tenta raptá-la com a ajuda de Dan e Gad, mas naturalmente o plano (em que judeus e egípcios devem ser igualmente responsabilizados) é descoberto. O filho do Faraó é morto quase acidentalmente e José recebe a coroa do Faraó.

Como o Professor G. D. Kilpatrick mostrou num ensaio pioneiro, o judaísmo é apresentado como uma religião secreta (*Expository Times*, v. 64, p. 4-8, Oct. 1952). Asenet é iniciada no judaísmo ao comer um favo de mel miraculoso - evidentemente o maná bíblico. Não se exige que o prosélito se submeta ao batismo por imersão - um rito que era presumido na *Mishnah* e que criava diferenças sobre pormenores entre as escolas de Shammai e Hillel, ou seja, no século I d.C. (G. F. Moore, *Judaism* III, 109). Não há nenhuma alusão a domínio estrangeiro ou ao cristianismo. Toda a atmosfera é a do século II ou I a.C., quando os judeus se sentiam enraizados e poderosos na terra do Egito. A língua, que é semelhante à da LXX, confirma essa impressão.

Havia todas as condições necessárias para as fortes idiossincrasias do judaísmo egípcio se desenvolverem em separatismo religioso. De fato, alguma espécie de tentativa foi feita nessa direção, pois o Sumo Sacerdote Onias ou o seu filho, após escapar de Jerusalém para o Egito, fundou um templo em Leontópolis que se destinava a rivalizar com Jerusalém. No todo, o cisma foi um fracasso. Paradoxalmente, a sua origem palestina talvez tenha restringido o atrativo para os judeus egípcios. O templo subsistiu até os romanos o fecharem em 73 a.C., mas provocou pouca perturbação. Seja como for, os judeus palestinos habilmente mantiveram e reforçaram os seus vínculos com o Egito, enviaram os seus livros ao Egito e asseguraram a aprovação dos novos festejos instituídos na Judéia. A atitude relativamente tolerante que adotaram para com as próprias diferenças religiosas talvez também os tenha auxiliado no Egito. O Livro 3 dos Livros Sibilinos é difícil de analisar porque foi composto no final do século I a.C., se não posteriormente, com material pertencente aos 150 anos anteriores. Mas eu consideraria muito provável que alguns capítulos foram escritos por um judeu alexandrino em apoio à rebelião macabéia, aproximadamente em 160-150 a.C.

Vimos um exemplo dos métodos dos judeus palestinos nas duas cartas que constituem o prefácio de II Macabeus. O próprio II Macabeus talvez se tenha destinado aos judeus egípcios e a tradução de I Macabeus em grego deve ter servido ao mesmo objetivo. Vimos também que outros textos foram traduzidos em grego e difundidos no

Egito a partir da Palestina. O Livro de Ben Sira foi traduzido para o grego por seu neto depois de 132 a.C. e o Livro de Ester foi traduzido com acréscimos por Lisímaco, filho de Ptolomeu de Jerusalém, no quarto ano do reinado de Ptolomeu e Cleópatra, ou seja, provavelmente em 78/77 a.C.

A própria Carta de Aristeas confirma o prestígio dos judeus palestinos no Egito porque apresenta a tradução da LXX como sendo realizada por judeus palestinos e inclui uma descrição idealizada de Jerusalém e do Templo. É provável que o recém-descoberto Manuscrito do Templo lance uma nova luz sobre esse aspecto de Aristeas. Naturalmente, antes de nos aventurarmos a comentários, temos de aguardar a publicação do Manuscrito pelo Professor Yigael Yadin. Mas o que ele próprio nos informou em comunicações preliminares mostra que o Manuscrito apresenta um plano para um Templo perfeito e uma administração judia perfeita provindo de Deus, que fala na primeira pessoa (*C.R. Acad. Inscrip.*, p. 607-19, 1967). O texto, que se diz pertencer ao século II ou I a.C., é portanto uma contrapartida hebraica à descrição helenística da Jerusalém ideal em Aristeas. No estado atual do nosso conhecimento, é igualmente possível considerar o Manuscrito do Templo uma reação a um modelo helenizado para a vida judia, tal como a Carta de Aristeas, ou julgar a Carta de Aristeas um equivalente helenístico a um texto sectário hebraico como o Manuscrito do Templo.

Ao evitar a fragmentação do judaísmo, e sobretudo a separação dos judeus egípcios, os judeus palestinos mantiveram a porta aberta para permutas com a cultura grega circundante. A nova experiência dos judeus palestinos em defender a própria herança contra a tentativa de helenização em grande escala teve uma influência favorável sobre o que os judeus escreveram em grego. Muito da produção literária judeu-helenística do século I a.C. e do século I d.C. tem uma dignidade e uma profundidade maiores do que a apologética do século anterior. Falsificações históricas superficiais já não eram a produção literária mais importante. A Bíblia (como primeiramente podemos observar em Aristóbulo) era tratada com maior seriedade. Tampouco podemos separar para essa finalidade o que se mantinha judeu do que se tornava cristão, tal como as epístolas de São Paulo. É de fato característico que para algumas das melhores obras, como a Sabedoria de Salomão, os Salmos de Salomão e a Assunção de Moisés, existe um problema quanto a se o texto original estava em hebraico ou em grego.

VI

No entanto, num ponto - e será o meu ponto final - o que permaneceu helenístico na cultura judia pós-macabéia se revelou desastroso. Como todos os outros integrantes da comunidade helenística, os judeus se informaram demasiadamente pouco e demasiadamente tarde sobre os romanos. A julgar pelo encômio a Roma em I Macabeus, eram excessivamente mal informados até sobre os detalhes mais óbvios da constituição romana. I Macabeus parece crer que os romanos eram governados por um magistrado anual, que o Senado se reunia todos os dias e que não havia dissensão em Roma. O Manuscrito da Guerra dos Filhos da Luz demonstra sem dúvida certo conhecimento do exército romano e de suas táticas, mas mesmo com o auxílio do comentário modelar do Professor Yadin (Oxford, 1962) é difícil dizer se o autor do Manuscrito compreendia as operações militares romanas. Seja como for, o Manuscrito deve pertencer ao século I d.C.

O desconhecimento judeu do latim era certamente mais do que retribuído pelo desconhecimento romano do hebraico. Mas os romanos do século I a.C. dedicavam grande atenção aos judeus. Como vimos no caso dos celtas e veremos no caso dos iranianos, foram auxiliados por estudiosos helenísticos. A exposição autorizada do judaísmo para o leitor romano da época de Pompeu deve ter sido a digressão de Posidônio sobre os judeus. Posidônio relatou as histórias antijudias que circulavam nos meios selêucidas e aparentemente tinha uma opinião desfavorável sobre os judeus contemporâneos. Mas, a julgar pelo que deve provir dele em Diodoro e Estrabão, tinha um respeito sincero por Moisés, sua legislação e seus seguidores. Não há motivo para atribuir parte do capítulo de Estrabão sobre os judeus a uma fonte judia, como A. D. Nock hesitantemente sugeriu (*Essays* II, 860-6). Posidônio parece ter transmitido o seu respeito pelo monoteísmo não-icônico judeu a Varrão (Agost. *De civ. dei* 4.31), que é explícito sobre esse assunto. De outro lado, Roma estivera ouvindo alguns dos violentos ataques contra os judeus que são exemplificados no livro *Contra os judeus*, de Apolônio Mólon, aparentemente um pioneiro nesse gênero (Jos. *c. Apion.* 2.79; 145-8; Eus. *Praep. Ev.* 9.19). Mólon era embaixador em Roma e transmitiu ao seu discípulo Cícero os seus sentimentos e alguns dos seus argumentos. O ponto de vista dos outros escritores pagãos do século I a respeito dos judeus não pode ser verificado com idêntica clareza. É o caso de Teucro de Cízico, que escreveu seis livros de história judia e outros livros sobre Mitridates Eupátor (274 T I

Jacoby). Gostaríamos de saber se ele era um escritor pró-romano ou anti-romano.

Mas não existem dúvidas em relação ao mais erudito desses escritores pagãos que escreveram sobre o judaísmo: o milesiano Alexandre Poliístor. Era um escravo, talvez prisioneiro de guerra, que obteve de Sula a liberdade e por muito tempo trabalhou em Roma para fazer compilações monumentais sobre as nações do Oriente Próximo - para não falar de outras obras eruditas. Parece claro que foi incentivado pelos patronos romanos a reunir informações sobre os novos países abertos à conquista e à influência romanas por Sula e seus sucessores. A compilação sobre os judeus incluía extensos excertos em grego de fontes judias e samaritanas e parece ter sido admiravelmente objetiva nos seus próprios termos de referência. Os escritores cristãos davam valor a ela. Não podemos dizer se foi lida pelos romanos que liquidaram o reino da Síria e transformaram a Judéia numa possessão romana. Mas Pompeu soube tirar proveito das dissenções, dos costumes e tabus judeus. Ele fora informado.

Cícero se referiu aos judeus como uma "natio nata servituti". Na realidade, estava repetindo uma opinião de Apolônio Mólon (Josefo *c. Apionem* 2.148) que se demonstrara ser falsa pela defesa dos judeus do seu Templo contra Pompeu. Mas o sucesso da política cultural de Roma deu plausibilidade à mentira de Cícero.

6
Iranianos e Gregos

"Tais coisas deviam ser ditas no inverno, ao lado do fogo, quando um homem bem alimentado se recosta num divã macio, bebendo vinho doce e mastigando grão-de-bico - coisas como: 'Quem és e de onde vens? e que idade tens, bom homem? que idade tinhas quando os medos chegaram?' " (Xenófanes, fr. 18 Dichl = 22 Edmonds). A chegada dos medos à Jônia - ou seja, a vitória de Hárpago o medo em nome de Ciro o persa em aproximadamente 545 a.C. - foi o início de uma nova era para Xenófanes de Colofonte. Em conseqüência desse acontecimento, ele próprio abandonou quando jovem a sua cidade natal. Por volta de 472 a.C., com 92 anos, ele ainda estava vivo. De uma forma ou de outra, a conquista persa do reino da Lídia envolveu todos os gregos da Ásia Menor. Os gregos terçaram armas com os assírios e tiveram problemas com os egípcios, mas nunca tinham vivido num grande império - pelo menos não depois do império hitita do qual não se lembravam de nada. O domínio lídio fora fácil de aceitar, pois a Lídia logo foi dominada pela cultura grega - acessível a negociantes, artistas, soldados e oráculos gregos. Ciro marcou época para os gregos assim como marcara para os judeus - embora as razões fossem diferentes.

Os estudiosos da filologia comparada querem que recuemos o contato entre os iranianos e os gregos para épocas mais antigas. E. Benveniste argumentou que as palavras *mada* e *parsa* não poderiam dar em grego *medos* e *perses* após o final do século 10 a.C., quando a transição do *a* grego original para o *e* jônico e a redução do *e* longo original antes de um grupo de consoantes deixaram de atuar. (*La Persia e il mondo greco-romano*, Atti del Convegno Acc. Lincei 1965, p. 479-85, 1965). Seríamos transportados para um período ainda mais antigo das relações iraniano-gregas pela palavra para designar rosa – *rhodon* –, cara a Homero e presumivelmente aos seus mestres poéticos, pois ele trata o *rhododáktulos Heós* como uma fórmula venerável. Diz-se que a rosa é uma dádiva do Irã na Idade do Bronze.

O pobre historiador, que nada conhece das relações entre a Grécia e o Irã antes do século VI, só pode fazer um relato. Ele já encontra certa dificuldade em compreender por que no século V *medismo* indicaria simpatia pelas persas, quando pelo menos durante sessenta anos os medos tinham sido súditos dos persas. Podemos nos recordar da observação de Estrabão (15.3.23, p. 735): "De todos os bárbaros, os persas se tornaram os mais famosos entre os gregos, porque nenhum dos outros bárbaros que dominaram a Ásia dominou os gregos; nem esses povos estavam familiarizados com os gregos, tampouco os gregos com os bárbaros, exceto por pouco tempo por rumor longínquo. Homero pelo menos não conhecia o império dos sírios nem o dos medos; pois do contrário, uma vez que ele menciona Tebas egípcia e se refere à riqueza de lá e à riqueza da Fenícia, não teria deixado passar em silêncio a da Babilônia, de Nino e Ecbátana" (Loeb).

A sucessão de acontecimentos entre a conquista persa da Lídia por volta de 546 e a rebelião jônica contra a Pérsia de 500 a.C. deve ter ocupado a mente de todo grego da Ásia Menor – e talvez de qualquer outro grego. Em poucos anos uma nação anteriormente quase desconhecida tomou Babilônia, se envolveu numa guerra malsucedida contra uma rainha lendária do Oriente remoto (que resultou na morte de Ciro) e tomou o Egito. Cambises se tornou célebre pela impiedade, os magos se rebelaram – e se contavam estranhas histórias acerca do seu líder. Por fim Dario, que se saiu vitorioso contra os magos, pôs em risco o seu exército em outra aventura extravagante contra os citas na Rússia meridional – e de algum modo reapareceu com a reputação quase intocada.

Logo os gregos estavam envolvidos praticamente em todos os níveis do processo de expansão do estado persa. Segundo um relato em um historiador helenístico, Agátocles de Cízico, Ciro o Grande deu várias cidades da Ásia Menor ao seu amigo Pitarco de Cízico – um precedente para o presente dado por Artaxerxes a Temístocles (472 F 6 Jacoby). O ateniense Milcíades, como o governante de Quersoneso da Trácia, se viu vassalo do Grande Rei e um dos comandantes dos contingentes gregos na expedição cita: naturalmente os tiranos estabelecidos pelos persas nas cidades jônicas se achavam na mesma situação. A queda da tirania da Polícrates – com o subseqüente domínio persa em Samos –

foi o fim de um dos mais brilhantes centros da vida intelectual grega no século VI e indicou claramente que o mar Egeu se tornara uma zona de influência persa. Cílax de Carianda, um navegador grego ou meio-grego que escrevia em grego, foi incumbido da exploração do rio Indo e da rota marítima da foz do Indo a Suez..Arquitetos, escultores e canteiros gregos trabalharam para construir Pasárgada, Susa e Persépolis. Embora os pormenores sejam incertos e exista uma parcela de subjetividade na avaliação da contribuição dos gregos para esses trabalhos, a sua participação é certa (G. Gullini, *La Parola del Passato* 142-4, p. 13-39, 1972). Recentemente Giovanni Pugliese Carratelli publicou uma inscrição, do final do século VI, de uma das pedreiras que abasteceram as construções de Persépolis. A inscrição diz: *Put-hárkho eimí*, "Pertenço a Pitarco" (*East and West* 16, p. 31-2, 1966). Pitarco deve ter sido um empreiteiro grego. Como Pugliese Carratelli observa prudentemente, pode ser uma simples coincidência que o nome Pitarco seja idêntico ao do homem de Cízico que era amigo de Ciro. Esse Pitarco parece ter tido logo dificuldades com os seus súditos: ele ou a sua família pode ter passado para o ramo da construção em Persépolis. No reinado de Dario, os gregos também ajudaram a transportar materiais de construção para Susa, mas eu não acompanharia S. Mazzarino na sua temerária teoria de que os jônios, e mais precisamente os milesianos, estavam incumbidos da navegação de Babilônia a Susa (*La Persia e il mondo grego-romano*, 75-83). Provavelmente os gregos levaram de volta a palavra *paradeisos*, para designar o horto de caça ou recinto fechado, desses contatos iniciais com a arquitetura e a paisagem iranianas (a palavra aparece pela primeira vez em Xenofonte, entre as fontes existentes).

Não se preservou nada das crônicas reais escritas pelos persas. A historiografia particular do tipo grego não parece ter existido na Pérsia - ou, pelo menos, não deixou vestígio direto ou indireto. Talvez os elementos da educação persa - montar a cavalo, ter boa pontaria e dizer a verdade - não fossem propícios à formação de um historiador. O que chamamos de tradição na Pérsia é na maior parte a tradição dos súditos ou inimigos da Pérsia. Mas há sérias limitações mesmo ao nosso conhecimento das reações gregas à Pérsia. Não se preservou quase nada do período anterior à rebelião jônica. De fato, os textos que nos foram transmitidos refletem uma situação completamente diferente: uma situação em que os persas são militarmente inferiores aos gregos e já foram derrotados em Maratona e Salamina. O que foi escrito antes de 500 a.C. por Cílax e talvez por Hecateu de Mileto desapareceu. Tampouco sabemos o que Frínico disse em sua tragédia sobre a captura de Mileto que foi representada antes da batalha de Maratona e portanto em um momento de profunda depressão para os gregos.

Mas naturalmente resta a possibilidade de que o pensamento religioso persa tenha influenciado os primórdios da filosofia grega nesse exato período entre 550 e 500 a.C., quando ninguém na Grécia questionava ou parecia questionar o novo poder dominante. Aqueles que têm afirmado que Ferecides de Sira, Anaximandro, Heráclito e mesmo Empédocles obtiveram algumas das suas doutrinas na Pérsia nem sempre se deram conta de que a situação política era propícia a tais contatos. Mas não se pode dizer isso do Professor M. L. West, o mais recente defensor das origens iranianas da filosofia grega. Ele sem dúvida sabe que, se houve uma época em que os magos podiam exportar as suas teorias para um mundo grego disposto a ouvir, foi a segunda metade do século IV a.C. É inegavelmente tentador explicar certas características da filosofia grega inicial por meio de influências iranianas. A súbita elevação do Tempo a um deus primevo em Ferecides, a identificação do Fogo com a Justiça em Heráclito, a astronomia de Anaximandro que localizava as estrelas mais perto da Terra do que a lua - essas e outras idéias trazem imediatamente à memória teorias que nos ensinaram a considerar zoroastrianas - ou de qualquer forma persas - ou, pelo menos, orientais.

Sabemos, porém, ainda menos sobre o zoroastrismo aquemênida do que sabemos sobre o pensamento pré-socrático. Temos de forçar os dados em algum ponto se queremos afirmar a dependência dos pré-socráticos para com os magos ou até genericamente para com o pensamento oriental. Graças ao Professor I. Gersevitch, temos agora certeza de que por volta do final do século VI a.C. Zurvan existia como um deus do Tempo (*Studia classica et orientalia A. Pagliaro oblata* ii, p. 197, 1969; *Trans. Philol. Soc.*, p. 165-200, 1969). Mas ainda tenho de encontrar um paralelo oriental exato para a frase inicial do livro de Ferecides: "Zas e Cronos sempre existiram, e assim também Ctônia, e Ctônia recebeu o nome de Gê quando Zas lhe deu a Terra de presente" (Diels-Kranz[6], 7 fr. 1).

Há uma consideração simples que me faz hesitar nesse jogo de busca das origens zoroastrianas do pensamento grego. Se não sabemos muito sobre os pré-socráticos, sabemos pelo menos que os seus leitores antigos julgavam cada um deles muito diferente dos outros. Se todos tivessem sido inspirados pelos magos, haveria menos diversidade de problemas e soluções. Até onde podemos ver, não há nenhuma inspiração religiosa comum por trás dos mais antigos filósofos gregos. Onde o indício de influência é mais forte - como no caso de Ferecides de Sira -, a contaminação da abordagem mitológica e da abordagem cosmogônica é mais evidente. Esta é a opinião de Aristóteles: "desde os teólogos 'mistos', aqueles que não dizem tudo em forma mítica, tal como Ferecides e alguns dos outros, e também os magos, denominam o primeiro criador a *melhor* coisa" (*Metaph.* 14.1091 b 8). Naturalmente, pode ser significativo que o pai de Ferecides tivesse o nome bárbaro de Babys, mas qualquer coisa pode ser significativa onde nada é certo - até mesmo a carta forjada de Dario a Heráclito convidando-o para a corte persa. Houve uma época, há não muito tempo, em que o que Aelian *Var. Hist.* diz a respeito de Pitágoras usar calças era tomado como prova das suas relações iranianas (W. Burkert, *Weisheit und Wissenschaft* p. 135, 178, n. 18, 1962).

Concluirei esta parte com uma história acauteladora. Em 1923 Albrecht Götze publicou o seu famoso ensaio "Persische Weisheit in griechischem Gewande" (*Zeitschrift für Indologie und Iranistik* 2, 60 ss). Finalmente foi ali apresentada uma prova categórica de uma doutrina iraniana que atingia a Grécia. No tratado hipocrático *De hebdomadibus*, publicado pela primeira vez em 1853 por Littré em uma versão latina muito adulterada, há uma teoria sobre a correspondência entre as partes do corpo humano e as partes do mundo inteiro. Götze mostrou que essa teoria podia também ser encontrada em *Bundahishn Maior*, uma obra cosmológica zoroastriana do século IX d.C., que se acredita retornar às partes perdidas do *Avesta*. Götze considerou a obra hipocrática "um bloco extravagante na Hellas" que se originara do Irã. Naturalmente R. Reitzenstein tomou isso como uma confirmação das suas teorias sobre as origens iranianas da cosmologia grega (*Studien zum antiken Synkertismus*, p. 119 ff. 1926), e quase todos ficaram felizes. Trinta anos depois, em *Harvard Theological Review* 49, p. 115 ss., 1956, o professor J. Duchesne-Guillemin apontou as fragilidades de todo o ensaio de Götze e, como as modas haviam mudado, quase todos ficaram felizes de novo. Em 1962, R. N. Frye, um dos maiores iranistas vivos, simplesmente declarou na mesma publicação que, com o desaparecimento da prova de *De hebdomadibus*, nada restava da teoria das influências iranianas sobre o pensamento grego antes de Alexandre (55, 261-8). Quando em 1965 a Accademia dei Lincei organizou o bem-sucedido simpósio sobre La Persia a il mondo greco-romano, o *Zeitgeist* já não se movia na mesma direção. Duchesne-Guillemin retirou a sua refutação de Götze, como podemos ler nas colaborações para o simpósio publicadas. Ele achava então que a coincidência não podia ser causal e que um médico grego que trabalhou na Pérsia levara de volta uma teoria persa no século V ou IV a.C. Mas em 1971 M. L. West, em sua análise muito minuciosa de *De hebdomadibus* (*Classical Quarterly* 65, p. 365-88), estava novamente cético a respeito de uma influência oriental direta sobre o texto. Como ele diz: "A noção básica de um paralelismo entre o mundo e o corpo humano (...) bem pode ter chegado à Grécia no século VI, vindo do Leste. Depois disso, no entanto, o desenvolvimento independente parece suficiente para explicar o fenômeno" (p. 387).

II

Após a vitória sobre os persas, houve muita reflexão sobre as causas da superioridade militar dos gregos. A linha de explicação predominante a atribuía ao amor grego à liberdade e isso, por sua vez, suscitava o problema de se a autoconfiança dos gregos, a sua coragem, a independência de ação etc. se deviam a fatores climáticos, ou institucionais ou raciais. Poetas, historiadores e filósofos gregos meditaram sobre esses problemas e as suas conclusões (tal como formuladas em *Os persas*, de Ésquilo, em Heródoto e no hipocrático *Os ares, as águas e os lugares*) são um documento primordial da nova ciência grega da etnografia que estava surgindo. Explicações mais simples estavam obviamente sendo difundidas e deixaram marcas em nossas fontes - por exemplo, a peça que Temístocles pregou no crédulo rei persa que Ésquilo deve ter considerado suficientemente autêntica para merecer menção (355 ss.). Não me surpreenderia se o famoso erro cronológico de Ctésias ao situar a batalha de Platéia antes da batalha de Salamina (*Persic.* 25) não fosse outra versão popular objetivando simplificar a narrativa da guerra: uma batalha no território beócio entre Termópilas e Salamina tiraria muito do brilho dos feitos navais dos atenienses. Por ser totalmente indiferente à liberdade grega e talvez pró-espartano, Ctésias não teria dificuldade em aceitar tal versão. Mas nem mesmo as reflexões de Ésquilo e Heródoto estavam concentradas exclusivamente na oposição entre os gregos amantes da liberdade e os persas tendentes à escravidão. Afinal, como disse Ésquilo, a Ásia e a Europa eram irmãs. Há bons motivos para interpretar as irmãs de *Os persas* II. 185-6 como a Pérsia e a Grécia, que seriam apoiadas pelas duas jovens Ásia e Hellas do vaso de Dario (final do século IV: C. Anti, *Archeol. Class.* 4 (24-45, 1952). Em Ésquilo, Dario pensa em termos universais e atribui a derrota não à superioridade dos gregos, mas à transgressão da lei divina. Ele prega a doutrina da *hybris*, que para nós pode parecer extremamente grega, mas para Ésquilo e Heródoto era objetivamente verdadeira e portanto inteligível para qualquer homem sensato, fosse grego ou não. Por mais que se faça com que os persas pareçam extravagantes em Ésquilo, eles não são bárbaros rematados como os egípcios de *As suplicantes*. De forma ainda mais enfática do que Ésquilo, Heródoto respeita os persas e os considera capazes de pensar como os gregos. Ao registrar o comportamento abominável de Xerxes para com o corpo sem vida de Leônidas, ele enfatiza que se tratava de uma exceção: "os persas são, dentre todos os homens que conheço, os mais acostumados a honrar os guerreiros corajosos" (7.238). Ele crê que os lídios e os gregos atraíram sobre si a fúria dos persas pelo seu comportamento provocador. A sua falta de simpatia pela rebelião jônica é notória. A vitória dos gregos, e sobretudo a coragem dos atenienses, o obrigou a reconhecer uma profunda diferença entre os persas e os gregos. Era uma vantagem se interessar por *isegoria*, a igualdade na liberdade de palavra, e se sentir um homem livre, e não um escravo: "e está comprovado não por um, mas por muitos exemplos, que *isegoria* é uma boa coisa" (5.78). Mas a sua opinião está basicamente comprometida com o entendimento mútuo entre gregos e persas. Os sensatos dentre os persas comentam, para o evidente encanto de Heródoto, que os gregos eram tolos em fazer uma guerra a fim de vingar o rapto de uma mulher – e era a guerra de Tróia (1.4). Muito significativamente, Heródoto proclama os persas capazes de discutir os méritos relativos da democracia, da oligarquia e da monarquia como qualquer sofista bem preparado (3.80-2): "Quando Mardônio chegou à Jônia em sua viagem pela costa da Ásia fez uma coisa que registrei para o assombro daqueles gregos que não acreditarão que Otanes declarou a sua opinião entre os Sete de que a democracia era melhor para os persas" (6.43). Os estudiosos modernos não têm ficado menos surpreendidos do que os ouvintes das preleções de Heródoto com o fato de que ele pudesse atribuir tais noções helenísticas aos persas. Mas mesmo um estudioso de ouvido tão aguçado quanto K. Reinhardt mal foi capaz de distinguir entre as narrativas persas autênticas e as narrativas atribuídas aos persas pelos gregos ("Herodots Persergeschichten" in *Vermächtnis der Antike*, 2. ed., p. 133-74, 1966). Critérios toscos de diferenciação às vezes são mais úteis do que refinadas análises literárias. Recentemente A. Demandt observou que os monumentos persas representam o rei com as orelhas descobertas, enquanto na iconografia grega o rei persa é mostrado com as orelhas cobertas. Assim, a narrativa de Heródoto de como Phaidymia desmascarou o falso Smerdis ao descobrir, não sem risco pessoal, que ele tinha as orelhas mutiladas só faz sentido na tradição iconográfica grega (*Iranica Antiqua* 9, p. 94-101, 1972): uma observação desconcertante para aqueles que, como eu, consideraram esse trecho de Heródoto uma típica história oriental. O próprio Heródoto, porém, não teria ficado desconcertado com a perícia iconográfica do Professor Demandt. Ele apreciava uma certa confusão. Relatou que os jônios salvaram o império persa ao se recusarem a se aliar aos citas no final da expedição de Dario: acrescenta que os citas definiam os jônios "como os mais fiéis dos escravos e os mais ingenuamente apegados aos seus senhores" (4.142). O capítulo final da obra de Heródoto recorda a escolha de Ciro o Grande: "habitar uma terra estéril e exercer a autoridade em vez de cultivar planícies a ser os escravos de outros" (9.122). Pretende-se que o leitor se lembre de que Demarato explicara a Xerxes que a Grécia, tendo por companheira a pobreza, alcançara a virtude e a sabedoria e em conseqüência evitara ser despoticamente dominada (7.102). Por mais que a vitória dos gregos tenha sido memorável, o império persa não só continuou a existir, mas a conservar uma força moral que Heródoto sentiu que tinha de justificar.

III

No período entre 411 e 336 a.C., a Pérsia exerceu uma pressão muito maior sobre a Grécia do que exercera na época da supremacia naval ateniense. A Pérsia recuperara o domínio dos gregos da Ásia Menor e apoiava a cidade ou o partido que parecesse conveniente. Filipe II da Macedônia imitou visivelmente a máquina administrativa e militar persa no esforço de transformar a monarquia patriarcal que herdara num estado vasto que se estendia da Trácia à Tessália e dominava grande parte da Grécia. Êumenes de Cárdia, apesar de ser grego, organizou a chancelaria macedônia nos moldes da persa. Arriano declara explicitamente que Filipe criou um corpo de pajens de acordo com o modelo persa: como os seus equivalentes orientais, os pajens tinham de auxiliar o rei com o seu cavalo *tòn persikòn tropon* (*Anab.* 4.13.1). Quaisquer que fossem as suas origens remotas, os companheiros do rei, os *hetairoi* no sentido estrito, se tornaram semelhantes aos amigos do rei na Pérsia.

Há, porém, poucos indícios de que no século IV o sistema imperial persa fosse submetido por algum grego a uma análise minuciosa. O nosso grande ponto de interrogação é Ctésias, que escreveu não só livros genéricos sobre a Pérsia e a Índia, mas também uma obra geográfica, um *periplous*, e um tratado específico sobre os tributos da Ásia. As duas últimas obras se perderam e os livros sobre a Pérsia e a Índia nos chegaram apenas num resumo bizantino. A tradição indireta, porém, é considerável: Diodoro e Plutarco, por exemplo, devem muito a Ctésias. Temos de admitir uma ampla margem de dúvida, no entanto o que temos é decepcionante. A *Persica* estava repleta de intrigas da corte e não era confiável sequer quanto a isso. Não há sinal de que Ctésias tenha tentado compreender os persas de sua época, como fizera Heródoto. Ctésias parece ser inferior a Heródoto mais ou menos da mesma forma que o seu contemporâneo Timóteo é inferior a Ésquilo como o autor de uma obra dramática sobre os persas. Observe-se que *Os persas* de Timóteo mostra indícios de ambição política e um desejo de agradar Esparta: Ctésias é chamado *philolakon* por Plutarco (*Artax.* 13.4).

Xenofonte, que cita Ctésias com respeito (*Anab.* 1.8.26-7), não está muito interessado na sociedade persa da sua época, embora tivesse ampla oportunidade de observá-la quando participou de campanha com Ciro o Jovem. Naturalmente Xenofonte pode nos relatar que um arqueiro cretense tinha um alcance menor do que um persa (*Anab.* 3.3.7) e tem suficiente conhecimento do estilo dos geógrafos para notar as particularidades de uma cidadezinha por que passara: "belas casas, fartos suprimentos e os habitantes tinham vinho em tais quantidades que o guardavam em cisternas cimentadas" (4.2.23). A descrição do Jovem Ciro inevitavelmente contém algumas particularidades autênticas da vida da corte persa (1.9). Mas nessa descrição de Ciro já existe a tendência idealizadora, o obscurecimento dos aspectos persas específicos que caracterizavam a *Cyropaedia* posterior. Como bem se sabe, de fato Xenofonte transferiu muitos personagens menos importantes de *Anabasis* para *Cyropaedia*. É irrelevante para nós, embora não insignificante em si mesmo, se determinados aspectos da *Cyropaedia* podem ser interpretados como lendas persas. Arthur Christensen formulou uma hipótese para a história, obviamente falsa, de Ciro o Grande morrendo em sua própria cama cercado pela família como sendo um tema persa lendário: há paralelos em Firdausi (*Les gestes des rois dans les traditions de l'Iran antique* (1936) 126). Como o seu companheiro socrático Antístenes, Xenofonte não pretendia escrever a história de

Ciro, mas sim apresentar a descrição de um rei ideal. Para esclarecer mesmo o leitor mais desatento, Xenofonte acrescentou à *Cyropaedia* um capítulo em que explicava como e por que os persas da sua época eram diferentes dos contemporâneos de Ciro o Grande: a corrupção tomara o lugar da austeridade e da virilidade. A autenticidade, que freqüentemente tem sido questionada, desse capítulo final parece ser garantida por várias características estilísticas e alusões históricas. Além disso, a mesma técnica de opor a realidade do presente à idealização do passado é utilizada por Xenofonte no seu livreto sobre a constituição de Esparta. Isso, porém, não se destina a dar uma caracterização mais equilibrada da vida persa como podia ser observada no século IV. Ter mais cobertas no cavalo do que na cama talvez seja um sinal de efeminação, mas não explicará as rebeliões dos sátrapas.

Acho muito difícil entender por que a atitude severa mas apreciativa para com o império persa que predominava no século V cedeu no século IV a uma mistura de idealização dos reis persas mortos e mexericos a respeito de intrigas da corte contemporânea. A falta de interesse pelas realidades da organização política e social persa se manteve visível nos historiadores que narraram o seu fim. A julgar por Arriano, os livros mais sérios escritos sobre a campanha de Alexandre não tentaram avaliar o Estado persa ou analisar as causas da sua queda. Os historiadores contemporâneos menos sérios, como Onesícrito e Clitarco, associavam variadamente o mexerico de Ctésias com a idealização da *Cyropaedia* de Xenofonte e produziam relatos sensacionais que nem mesmo os leitores antigos conseguiam tolerar inteiramente. Ao aludir ao posto de Onesícrito como timoneiro do navio de Alexandre na viagem pelo Indo abaixo, Estrabão escreve que ele podia ser mais bem denominado o "principal timoneiro da fantasia" (15.1.28). Como Ctésias, Onesícrito preferiu se deleitar sem repressão nas maravilhas da Índia. "Clitarchi probatur ingenium, fides infamatur", diz Quintiliano (10.1.75). Nenhum dos fragmentos de Clitarco, nem qualquer dos capítulos do Livro 17 de Diodoro que pode ser razoavelmente reconstituído até ele, alude às instituições persas, embora saibamos que descreveu a Babilônia e fez com que Alexandre se encontrasse com a rainha das amazonas (fr. 10; 15-16 Jacoby).

Outros historiadores fizeram breves relatos ou alusões a instituições especialmente curiosas: por exemplo, Policlito de Larissa descreveu a diversidade das rendas do Grande Rei (128 F 3 Jacoby) e Chares de Mitilene descreveu os hábitos voluptuosos do Grande Rei (125 F 2). Eles pretendiam entreter.

Essa situação é menos surpreendente se considerarmos que Platão e Aristóteles omitiram o sistema político dos persas nos seus livros sobre Política. De fato, *As leis* de Platão, Livro 3.693d, contêm a declaração muito promissora do ateniense: "Existem duas matrizes, como podemos denominá-las, de constituições das quais realmente se pode dizer que todas as outras se originam, o nome exato de uma é monarquia, o da outra é democracia. A primeira é vista à perfeição entre os persas, a segunda entre os meus compatriotas. São esses os fios (...) com que todas as outras constituições, de modo geral, são urdidas." O que se segue, porém, é um repúdio implícito à imagem idealizada de Xenofonte da educação persa, como notou Ateneu (11.505a). Platão negava que ser criado em um harém por mulheres e eunucos pudesse ser uma boa coisa e, como confirmação, citava a corrupção na Pérsia de sua época. Como Isócrates e outros observadores, ele naturalmente reparara na crescente dependência do Grande Rei de mercenários estrangeiros. Mas o Estado persa como um todo não é examinado. Em *Política*, Aristóteles é ainda mais apressado em preterir o despotismo persa. Alude aos reis da Pérsia como tiranos que devem se precaver para a própria segurança (1284 b 1; 1313 a 38) e considera os persas, como os citas, os trácios e os celtas, uma nação em expansão que honra a força militar (1324 b 11). Observa também, num aparte característico, que os reis persas não tocam um instrumento, mas fazem com que a música seja tocada para eles (1339 a 34). O império persa não fazia parte do mundo político. É impossível dizer em que medida a Pérsia aparecia em *Nomima Barbarika*, a sua descrição das instituições dos bárbaros. Os poucos fragmentos remanescentes tratam dos cários, dos etruscos e dos antepassados gregos dos romanos.

Teríamos de compor uma imagem muito diferente de Aristóteles se o texto árabe de uma carta sua para Alexandre for realmente autêntico. Essa carta, que era conhecida por citações de escritores medievais árabes e judeus, foi publicada em 1891 numa versão reduzida por J. Lippert e em 1970 numa versão mais longa por Josef Bielawski, com um comentário de Marian Plezia. Independentemente de Plezia, a versão mais longa foi estudada por Samuel Stern no pequeno livro *Aristotle on the World State* (1968). Stern pretendia publicar uma edição crítica e comentários do texto mais longo em colaboração com Oswyn Murray, mas a sua morte prematura sobreveio. O seu estudo, que tende a aceitar a autenticidade da carta, é mais crítico e penetrante do que o livro de Bielawski e Plezia, ambos firmes defensores da sua autenticidade. Os dois aspectos da carta que nos interessam são, primeiro, a recomendação a Alexandre para que deportasse para a Europa, se não todos os persas, pelo menos a aristocracia, e, segundo, a prefiguração de um estado universal em que "todos desfrutem de segurança e tranqüilidade, dividindo o dia em partes, parte para o bem-estar do corpo, parte para a educação e atenção àquela nobre busca, a filosofia" (S. M. Stern, p. 7-8). Aristóteles defenderia a idéia de um estado universal em termos messiânicos, mas ao mesmo tempo seguiria a tradicional orientação de vingança grega contra os persas ao pedir a sua deportação.

Apenas uma vez e muito cautelosamente, o Aristóteles que conhecêramos anteriormente admitiu a possibilidade da unificação política do mundo. Ele o fez no famoso parágrafo de *Política* 7 (1327 b 29): "a raça grega partilha de ambas as características, exatamente como ocupa geograficamente a posição intermediária, pois é valorosa e inteligente: por isso continua a ser livre e a ter instituições políticas muito boas e a ser capaz de governar toda a humanidade, se alcançar unidade constitucional." Existe uma diferença considerável entre essa afirmação ponderada, hipotética e isolada e o apoio entusiástico a um estado mundial do tipo persa como sugerido pelo novo texto. Mesmo se tomássemos *Política* 7 como uma produção inicial de Aristóteles e datássemos a carta a Alexandre de após 330 a.C., teríamos de admitir uma mudança de opinião da qual as outras obras não conservam qualquer indício. A nova carta inevitavelmente nos faz lembrar das inscrições e de Fílon enaltecendo os benefícios da paz de Augusto. É uma ilusão?

A associação de nacionalismo grego e cosmopolitismo, que é característica da carta, seria naturalmente compatível com uma data no período imperial romano. Para citar um exemplo do lado nacionalista, se faz com que Hipócrates, numa troca de cartas, dê uma resposta impetuosamente patriótica ao rei Artaxerxes. Esquecendo o seu próprio juramento hipocrático, Hipócrates diz ao rei: "Não posso curar os bárbaros que são inimigos dos gregos" (Hercher, *Epistolographi Graeci*, ed. Didot, p. 290). Faz parte de um curto romance epistolar, que deve pertencer à era romana porque um dos indivíduos envolvidos na correspondência se chama Peto. Por isso, não me surpreenderia descobrir um falsificador da era imperial atribuindo a Aristóteles simultaneamente a idéia patriótica de deportar os persas e a premonição de um estado universal.

IV

Trivialidades desse tipo devem ter espaço na nossa narrativa porque são indicativas da disposição de ânimo em que, durante séculos após Alexandre, os gregos continuaram pensando sobre os persas. O orgulho pelas antigas vitórias contra eles permaneceu em termos nacionalistas estreitos. De outro lado, as novas versões de um estado universal proposto por Alexandre e posteriormente pelos romanos inevitavelmente lembravam a Pérsia como um antecedente. Mas se os persas de outrora subsistiam na imaginação do homem helenístico, os persas contemporâneos estavam quase esquecidos. Políbio cita palavras que Demétrio de Falero escreveu no início do século III a.C.: cinqüenta anos antes, quem teria acreditado que "o nome dos persas teria perecido totalmente - os persas que eram senhores de quase o mundo inteiro?" (29.21.4). Agatarchides de Cnido, contemporâneo de Políbio, escreveu dez livros sobre a Ásia que devem ter incluído um longo capítulo acerca da Pérsia aquemênida. Pode-se provar quase matematicamente que ele não podia ter tratado em detalhes o Irã da sua época, o Irã do estado parto cada vez mais forte e próspero. Naturalmente temos conhecimento dos árduos esforços dos selêucidas para manter o domínio sobre o planalto iraniano que sozinho lhe possibilitava competir com o Egito e a Macedônia. Foi provavelmente no reinado de Antíoco IV, na metade do século II a.C., que Ecbátana se transformou numa *polis* denominada *Epiphaneia* (Steph. Byz., s.v. Agbatana). Trinta ou quarenta anos depois, os arsácidas da Pártia puseram fim ao domínio selêucida em todas as partes do Irã e consolidaram a sua fronteira ao longo do Eufrates. Durante os dois séculos de luta pelo controle das diversas populações e sociedades do Irã, os selêucidas devem ter tentado reunir informações sobre elas. Sendo assim, não subsiste quase nada dessas informações. Os estudiosos modernos têm de tomar conhecimento por intermédio de observações ocasionais em fontes literárias ou de descobertas etnográficas que no século I a.C. Antíoco de Comagena se orgulhava de considerar o grande Dario seu antepassado, ou que na Pérsia existiu um rei ou príncipe chamado Artaxerxes, que viveu o bastante para ser registrado entre os *Macrobii* por Luciano ou Pseudo-Luciano, 15. Naturalmente podemos ser induzidos em erro pelos nossos dados, mas o que temos indica uma profunda indiferença dos intelectuais helenísticos - e até dos selêucidas - para com o ressurgimento de um novo Irã das ruínas do Irã aquemênida.

Essa falta de interesse não era recíproca. Como sabemos, os partos fizeram o possível para se manter em contato com o mundo grego. Alguns dos seus reis se proclamavam filelenos e não usavam barba, ao estilo grego. A era selêucida sobreviveu e a era arsácida que competia com ela era uma imitação. As moedas partas eram gravadas em grego. Os escribas partos abandonaram o aramaico pelo grego como a língua internacional e os indivíduos gregos ascenderam na administração do Estado. A carta real para Selêucida às margens do Euleu (Susa) e os poemas gregos do mesmo local se tornaram peças de exibição de grego correto (*Suppl. Epigr. Graecum* VII, 1-33). O rei Artavazde da Armênia escreveu tragédias e histórias em grego, e a deplorável narrativa do fim de Crasso está para sempre ligada à representação de *As bacantes* de Eurípides em Artáxata (Plut. *Crassus* 33). Sem dúvida havia outro lado do quadro que a transformação lenta e complexa do dialeto parto em uma língua escrita ajuda a encobrir. As lendas iranianas foram aperfeiçoadas e transmitidas à posteridade; as aventuras de Hércules foram absorvidas em um contexto iraniano e inspiraram algumas das façanhas do herói Rostam. O Professor Minorski e o seu discípulo, o Professor M. Boyce, nos forneceram uma nova orientação a esse respeito (citado em A. Pagliaro-A. Bausani, *La letteratura persiana* (1968), 60; 70).

Mas devemos nos restringir ao lado grego. Os súditos gregos dos arsácidas tiveram uma participação ativa na vida intelectual do país em que viviam, exploraram a terra e registraram a sua história. O que aparentemente os seus antepassados não haviam feito na época dos selêucidas, eles fizeram na época dos partos. A sua ânsia em obter a melhor instrução em grego e a relutância dos bons professores em se aproximar deles são ilustradas por uma narrativa em Plutarco que, apesar de famosa, comporta repetição. O retórico Anficrato de Atenas foi a Selêucia do Tigre como conferencista visitante, mas quando lhe ofereceram uma cátedra permanente, respondeu que uma estufadeira não conteria um delfim (*Lucullus* 22.5).

Apolodoro de Artemisa é o mais conhecido dos escritores gregos da Pártia. Foi uma das principais fontes de Estrabão para a sua terra natal e deve ter vivido nas primeiras décadas do século I a.C. F. Altheim quer também que ele seja a fonte mais importante dos livros partos de Trogo Pompeu (*Weltgeshichete Asiens* 1, p. 2-24, 1947), mas tudo o que podemos dizer é que basicamente Trogo deve ter aproveitado as informações transmitidas por um grego parto da era de Sula (W. W. Tarn, *The Greeks in Bactria and India*, 2. ed., p. 45-9, 1951).

Dentre as suas fontes geográficas, Plínio o Velho tinha Isidoro de Charax, cujo panfleto sobre *Estações partas* ainda subsiste: também era um greco-parto. Por fim, o mesmo Plínio menciona um certo Dionísio de Charax que preparou um memorando para Gaio, o filho adotivo de Augusto, por ocasião da missão oriental do ano 1 a.C. (*N.H.* 6.141).

Os dados mostram um estudo intensivo da história e geografia partas pelos gregos que viviam na Pártia e também indicam que os romanos o aproveitaram para conhecer os partos. O revés de Carras lhes ensinara uma lição. Não é por acaso que o que temos sobre os partos está principalmente em Estrabão e Trogo, dois escritores da época de Augusto, quando Roma tinha de decidir se convivia ou não com os partos. Os romanos necessitavam das informações dos etnógrafos gregos para lidar com os partos, assim como necessitaram do conhecimento deles para se instalar na Gália e na Espanha: tiveram de ser trazidos de outros centros gregos. O paralelismo é reforçado quando observamos que Posidônio era um estudioso tão notável dos assuntos partos quanto o era da vida celta. Vários dos seus livros de história eram dedicados às relações entre a Pártia e os selêucidas, e a agudeza com que apresentou a vida e os costumes partos se equiparava ao estilo dos seus esboços celtas. Novamente foi Ateneu quem reconheceu que as páginas de Posidônio continham material para uma antologia. Só se pode lamentar que ele tenha limitado a sua antologia aos hábitos dos banquetes partos. Seguramente há coisas mais importantes em Posidônio, mas o episódio da refeição formal na corte parta é bastante bom: "O homem que desfruta do título de amigo do rei não participa da sua mesa mas fica sentado no chão enquanto o rei, acima dele, se reclina num divã alto. Ele come como um cão o que o rei lhe atira" (4.152f-153a; 87 F 5 Jacoby).

Os romanos estudaram a sério os partos e utilizaram historiadores e geógrafos gregos para lhes fornecer as informações necessárias. A propósito, isso explica por que a única informação fidedigna sobre a situação religiosa no Irã durante o período helenístico é encontrada em Estrabão Livro 15. Há um apêndice interessante a essa narrativa. Flávio Josefo, que evidentemente estava a par do interesse romano pelos partos, prometeu repetidamente fornecer mais detalhes sobre eles e os últimos selêucidas em *As antiguidades judaicas*. Aparentemente nunca cumpriu as promessas; cerca de dez vezes, ele diz "como mostramos em outra parte", mas a "outra parte" se revela parte alguma. A explicação mais simples é admitir que ele pretendia escrever uma história dos últimos selêucidas e dos partos, mas não viveu o suficiente para fazê-lo. Uma história da Pártia foi escrita não muito depois por Arriano, o historiador de Alexandre Magno.

V

Os gregos helenísticos que viviam fora da Pártia parecem nunca ter tido um interesse intelectual sério pelo que estava ocorrendo na Pártia. Interessaram-se por um pensamento persa incorpóreo, sem qualquer relação com a realidade política ou social. O que se difundia no mundo helenístico sob os nomes de Zoroastro e dos magos era uma mistura de algumas informações genuínas com muita imaginação arbitrária. Grupos de iranianos que viviam na Ásia Menor têm sido considerados responsáveis por pelo menos algumas das doutrinas que eram transmitidas sob o nome dos magos. Não é impossível. Estrabão (15.3.15, p. 733), Díon Crisóstomo (36.39) e Pausânias (5.27.5) afirmaram mais ou menos explicitamente que haviam encontrado os magos do Oeste. Os persas, como os judeus, talvez tenham apreciado escrever o que acreditavam que os seus vizinhos gregos estivessem muito desejosos de ouvir. Mas as origens e o desenvolvimento da lenda ocidental da sabedoria persa pouco têm a ver com essa diáspora persa no Ocidente. As origens remontam à segunda metade do século V a.C., quando Xanto o Lídio falou sobre Zoroastro e o datou de seis mil anos antes. Xanto também se referiu aos magos sem aparentemente relacioná-los com Zoroastro (*F.Gr.H.* 765 F 31-2 Jacoby). Como Xanto também falou sobre Empédocles (fr. 33) e Empédocles deixou um poema inacabado sobre as guerras persas (Dióg. Laérc. 8.57), suspeitou-se com mais fantasia do que com necessidade de que também Empédocles falou sobre Zoroastro. Naturalmente Heródoto tinha conhecimento dos magos como uma tribo média, mas não menciona Zoroastro, e mago era um termo corrente no grego do século V para designar curandeiro. Em Ctésias, Zoroastro se tornou rei da Bactriana cercado por magos e, no final do século I a.C., Trogo Pompeu ainda repetia essa versão (Justino 1.1.9). As alusões a Zoroastro devem ter se tornado uma coisa comum com os historiadores do século IV. Teopompo sabia que Ormuzd e Ahriman teriam, cada um, de governar o mundo durante três mil anos antes do início da idade do ouro em que os homens perderão as suas sombras (115 F 65 Jacoby). Dinon, o historiador da Pérsia, ligou etimologicamente Zoroastro com as estrelas (690 F 5 Jacoby).

Mas foi Platão quem colocou a sabedoria persa completamente na moda, embora o lugar exato de Platão no caso seja ambíguo e paradoxal. Platão parece jamais ter mencionado Zoroastro. O aparecimento de Zoroastro em *Alcibiades Maior* (122a) é apenas um dos muitos argumentos que tornam esse diálogo quase certamente forjado. É também muito duvidoso se Platão pretendia que o mito de Er fosse considerado um mito oriental genuíno, mas a fama das ligações de Platão com a Caldéia e os magos se difundiu. O *Academicorum Index Herculanensis*, que no máximo pertence ao século I a.C., tem um caldeu junto ao leito de morte de Platão (ed. Mekler, p. 13), ao passo que Sêneca sabe que alguns magos se achavam em Atenas quando Platão morreu (*ep.* 58.31). O epicurista irônico Colotes, que viveu duas gerações após Platão, zombava dos seus supostos empréstimos de Zoroastro (Proclo, *In Rempubl.* 2.109 Kroll), o que indica que por volta de 280-250 a.C. a ligação era uma crença bem firmada. A essa altura, a Academia se interessara cada vez mais pelo saber oriental. Era portanto natural perguntar se Er era Zoroastro - uma questão que foi amplamente discutida na antiguidade, como sabemos por Proclo. Dentre os discípulos diretos de Platão, Philippus de Opus, se for ele o autor de *Epinomis*, e Hermodorus escreveram sobre teologia astrológica e misticismo; Heráclides do Ponto deu o título de Zoroastro a uma obra - talvez um diálogo - destinada a manifestar a sua divergência com Platão sobre questões de filosofia natural (Plut. *Adv. Colot.* 14.1115A); Eudemo tinha conhecimento da importância do Tempo nas doutrinas dos magos (Bidez-Cumont; *Les Mages Hellénisés* II, 69 n. 15). Aristóteles nunca escreveu o livro sobre os magos que lhe foi atribuído: provavelmente era obra de Antístenes, o peripatético do século II. Mas ele parece ter situado Zoroastro seis mil anos antes da morte de Platão (Plín. *N.H.* 30.3), datação que também é atribuída a Êudoxo, apesar de Êudoxo ter morrido antes de Platão: outro exemplo de como as informações sobre esses assuntos podem ser falaciosas. Não temos, porém, nenhuma razão especial para duvidar de que Aristóteles considerava os magos mais antigos, e portanto presumivelmente mais respeitáveis, do que os sacerdotes egípcios. O seu discípulo e amigo Aristóxeno, que originalmente viera de círculos pitagóricos, sabia que Pitágoras fora discípulo do caldeu Zaratas: outra versão do nome Zaratustra (fr. 13 Wehrli). Esse é o indício mais antigo de que tenho conhecimento para a total confusão entre sacerdotes caldeus e magos (as dúvidas de F. Jacoby, *F.Gr.H.* 273 F 94, me parecem injustificadas). Por volta do século I a.C., quando provavelmente foi escrito o

Axiochus pseudoplatônico, era comum atribuir a um mago o tipo de informação correta sobre o Outro Mundo. Pouco depois, em *Quod omnis probus liber sit* (11.74), o menos judeu dos seus tratados, Fílon pode se referir às doutrinas persas sobre as virtudes de Deus como algo que todos deviam conhecer.

Retive o máximo que pude o nome de Êudoxo pois há muito pouco que se possa dizer honestamente sobre o homem a quem se tem atribuído um papel central na divulgação de uma cultura persa apolítica e meio fantasiosa aos gregos. Êudoxo viveu no Egito durante dezesseis meses, aparentemente com uma recomendação do rei Agesilau de Esparta para o rei Nectanebo; mas nunca visitou a Pérsia. O seu conhecimento do pensamento zoroastriano parece ter se limitado à generalidade sobre o conflito entre o bem e o mal. Cícero o considerou uma grande autoridade em astrologia, mas exatamente o que ele sabia é um mistério. Obras sobre prognósticos circulavam sob o seu nome, e Sexto Empírico conheceu uma delas (*Adv. Mathem* 5.1). Atribuiu-se a ele um calendário com informações meteorológicas. Ainda temos de avançar muito antes de podermos nos convencer de que Êudoxo é o grande orientalizador pintado por Werner Jaeger e, depois dele, por Cumont e Bidez.

O que parece ter ocorrido é que o nome de Zoroastro, assim como o de Hermes Trimegisto, se tornou o centro de atração para qualquer tipo de especulação que tivesse algo a ver com astrologia, a vida após a morte e, de modo mais geral, com os mistérios da natureza. Eu não poderia indicar uma linha divisória entre o que se considerava egípcio e o que se considerava caldeu, mesmo na forma embaralhada em que caldeu e zoroastriano se tornaram sinônimos. Mas especulações novidadeiras obtiveram prestígio da admiração acadêmica e peripatética pela sabedoria de Zoroastro e, sem dúvida, misturaram idéias platônicas com aquelas supostamente orientais. Plínio diz que Hermippus, um erudito peripatético que viveu por volta de 200 a.C., "comentou dois milhões de versos deixados por Zoroastro, além de completar índices para as suas várias obras" (*N.H.* 30.4). Conhecemos Hermippus como biógrafo. Ele não goza da reputação de ser o erudito mais meticuloso da sua época, mas escreveu um livro sobre os magos e tinha uma teoria precisa acerca das origens orientais do saber grego. Achava, por exemplo, que Pitágoras se apropriara das doutrinas dos judeus e dos trácios (Josefo *c. Apion.* 1.165). A informação sobre os dois milhões de versos – ou seja, 800 volumes – deve provir do próprio Hermippus. Deve significar que em Alexandria estavam circulando pelo menos algumas obras que pretendiam ser zoroastrianas. Não é muita a ajuda que pode vir da narrativa em *Dînkart* (Bidez-Cumont, *Mages Hellénisés* II, 137) de que o "malfadado vilão Alexandre" fez com que o Avesta fosse traduzido para a língua grega. Eu também não confiaria muito na passagem de Syncellus (271 D, p. 516 Bonn) de que Ptolomeu Filadelfo fez com que livros latinos, egípcios e caldeus fossem traduzidos para a sua biblioteca. Só tenho conhecimento de uma afirmação séria de que os *Gathas* eram lidos no mundo helenístico-romano. Foi feita por David Flusser para Yasna 44.3-5 em comparação com uma passagem cristã nos *Oráculos sibilinos* VIII, 11. 439-55 (*Numem*, Supl. XXI (1972), 171-5). Embora a semelhança apontada por Flusser seja real, prova apenas que a imagística religiosa se propaga. Mas alguns dos livros que mais tarde se difundiram sob o nome de Zoroastro ou de alguns magos podem já ter sido forjado antes da época de Hermippus. Quatro livros de Zoroastro sobre a Natureza e dedicados ao rei Ciro eram conhecidos por Proclo (*In Rempubl.* 2.109 Kroll). Uma edição diferente desse texto estivera à disposição de Clemente de Alexandria (*Strom.* 5.14.103.2). Cinco livros de Zoroastro sobre *Astrologumena* são mencionados pelo *Suda*. Nenhum desses livros pode ser datado com segurança de antes de 200 a.C. Seja como for, os quatro livros sobre Natureza são uma obra escrita por alguém que conhecia a *República* de Platão. As falsificações feitas em nome de Zoroastro e de outros magos devem ter sido freqüentes. Temos a sorte de ser informados por Porfírio de que Plotino o incumbiu de demonstrar a falsificação de um Apocalipse atribuído a Zoroastro (*Vita Plot.* 16): o seu êxito em descobrir a verdadeira data do Livro de Daniel deve ter sido o motivo da nova tarefa. Podemos ter certeza de que Porfírio cumpriu a sua parte com resultados devastadores. Fica claro em Plínio (*N.H.* 30.8) que ele tinha conhecimento de um livro sob o nome do mago Osthanes, e posteriormente circularam livros sob esse nome. Os escritores Justino e Lactâncio citam uma profecia sob o nome do mago Hystaspes. O fato de que as autoridades romanas proibiram a sua circulação é suficiente para provar que pertencia às profecias anti-romanas características dos séculos II e I a.C. (Bidez-Cumont, *Mages Hellénisés* I, 215-17).

Podemos quase visualizar o nascimento de uma dessas falsificações na composição de *Borysthenicus* de Díon Crisóstomo, no final do século I d.C. O seu hino mago talvez imite um texto persa, ou antes pseudopersa, e de certa forma é secundado pelo baixo-relevo mitraísta posterior de Dieburg, mas, da forma como o temos, é criação do próprio

Díon (a. D. Nock, *Essays on Religion and the Ancient Word* II, 607). Essas falsificações dependiam da teoria de que os pensadores gregos tinham aprendido algumas verdades fundamentais com os sábios orientais, teoria que, por volta de 300 a.C., foi aplicada por Hecateu de Abdera ao Egito (Diodor. 1.96-8) e estendida a todo o Oriente por Sotion, o escritor de biografias de filósofos gregos que conhecemos como uma das principais fontes de Diógenes Laércio. Na época de Sotion (200 a.C.), Demócrito se tornara outro estudioso aplicado do saber persa; de fato, se dizia que o próprio Xerxes lhe proporcionara magos e caldeus como professores (Dióg. Laérc. 9.34). De outro lado, essas falsificações confirmavam a teoria da qual derivavam a existência. De certa forma, não é muito importante se pretendiam ser egípcias ou persas. Embora as falsificações de Hermes Trimegisto indicassem interesse pelo Egito (ou talvez o orgulho nacional dos egípcios helenizados) e as falsificações de Zoroastro indicassem interesse pela Pérsia (ou talvez o orgulho nacional dos persas helenizados), os leitores provavelmente assimilavam pseudo-Hermes juntamente com pseudo-Zoroastro e, de fato, pseudo-Abraão, sem preferências nacionais. O que importava era a impressão total da dependência da cultura grega do saber bárbaro. Havia, além disso, a implicação suplementar de que tal saber bárbaro era mais bem assimilado nas suas fontes (os pseudotextos) do que nos seus derivados gregos: Zoroastro e Hermes Trimegisto deviam ser superiores a Platão e Pitágoras se eram os seus mestres.

Estava se aproximando o tempo em que o pitagórico ou platônico Numênio de Apaméia poderia fazer a pergunta: "O que é Platão se não um Moisés aticizado?" (fr. 10, p. 130 Leemans). Essa pergunta salientava a conseqüência histórica mais óbvia da subordinação do pensamento grego ao saber oriental, ou seja, a substituição da conquista da verdade por meio da razão pela aquisição da verdade por meio da revelação. Mas não é essa conseqüência, apesar de importante, que me interessa agora. É o processo que levou a essa conclusão que eu gostaria de deixar claro. Começamos com os intelectuais gregos se defrontando com a Pérsia como um estado com organização política própria, código moral próprio e, indistintamente em segundo plano, religião própria. Aos poucos, por bons ou maus motivos, o interesse pela organização política diminuiu – ao passo que o código moral persa era idealizado além dos limites da credibilidade. O passo seguinte, que é posterior a Alexandre, foi concentrar a atenção no saber dos magos e de seu líder espiritual, Zoroastro. Zoroastro se tornou um grande mestre sem obstáculo porque na verdade ninguém se importava em saber o que ele fora ou o que escrevera ou verdadeiramente inspirara. Esse Zoroastro e esses magos eram em grande parte obra da imaginação dos próprios gregos ou de estrangeiros helenizados (talvez ligados às comunidades iranianas do Ocidente). Têm direito a atenção especial devido a sua ligação singular com os pensadores das escolas platônica e aristotélica. Mas, consideradas em si mesmas, as falsificações zoroastrianas vão se juntar a todas as outras falsificações que, no período helenístico, consolavam e distraíam o indivíduo ao lhe proporcionar noções de pureza, da vida após a morte, da dependência das estrelas e de técnicas mágicas: as falsificações zoroastrianas eram apenas uma categoria entre muitas no processo de forte reviravolta dos interesses políticos da Grécia clássica. Por trás das falsificações naturalmente estava a realidade viva e poderosa do zoroastrismo genuíno, mas as falsificações eram apenas a sua pálida sombra.

Não tenho certeza de que se possam calcular as conseqüências de se ser alimentado com falsificações. Mas tenho certeza de que faz diferença se uma civilização, como a civilização helenística, não só perde a confiança nos seus próprios princípios, mas admira as próprias falsificações como manifestações de uma civilização estrangeira. Isso jamais teria ocorrido se os gregos tivessem cuidado mais de aprender línguas estrangeiras. Se tivessem lido os textos babilônios, persas e egípcios no original, as suas reações teriam sido num nível diferente. Os romanos nunca tiveram o problema de comparar Pitágoras e Platão com Hermes Trimegisto ou Zoroastro porque não tinham nem Pitágoras nem Platão. Mas nunca se esqueceram de que a Pérsia e certamente o Egito eram países reais que apresentavam problemas políticos. Além disso, quando tiveram de se voltar para civilizações estrangeiras, escolheram a dos gregos, cuja língua era acessível. Por fim – e isso também é curioso –, fizeram apenas uma aquisição no mercado persa de idéias: foi Mitra. O que o mitraísmo era antes da sua romanização é uma discussão em que não pretendo entrar. Mas o mitraísmo romano, com o seu sistema de colégios, hierarquia de iniciados, a provável ausência de sacerdotes profissionais, a ênfase em luta e vitória e a sua crueza intelectual, era exatamente o oposto do logro refinado que os gregos helenísticos estavam aplicando a si mesmos ao se dedicarem ao zoroastrismo. Era um culto verdadeiro e reforçava a lealdade dos soldados, funcionários e negociantes ao Estado romano. No Egito romano há muitos indícios do culto recente de Mitra, mas no Egito ptolomaico, que me conste, o único indício de um masdeísta autenticamente praticante é o epigrama de Dioscórides, do século III a.C., em que um escravo persa suplica a seu amo que "não polua o fogo" em seu corpo e não derrame água em seu cadáver (*Anth Pal.* 7.162). Se Mitra, segundo Luciano, não falava grego (*Deorum Concil.* 9), certamente falava latim.

* * *

Novamente nos defrontamos com o dilema da civilização helenística. Ela possuía todos os meios para conhecer outras civilizações - exceto o domínio das línguas. Possuía todos os sinais de uma classe alta vitoriosa e dominante - exceto a confiança no próprio saber. Muitos dos gregos voltados para a política escolheram Roma; muitos dos voltados para a religião foram para uma Pérsia imaginária e um Egito imaginário. Com o declínio dos êxitos políticos do helenismo, as questões duvidosas aumentaram e estimularam os fracos de espírito e os inescrupulosos a oferecer saídas fáceis em textos que não podiam ser genuínos.

Os romanos tiraram partido da cooperação técnica grega para formar o seu conhecimento das terras bárbaras e, por fim, conquistar os próprios gregos. Mas tinham de se colocar, intelectualmente falando, em uma posição muito forte por meio da aprendizagem do grego e voltando o conhecimento do grego para a criação de cultura italiana comum na língua latina. Os gregos exploraram o mundo dos celtas, dos judeus, dos persas e dos próprios romanos. Os romanos venceram os celtas, os judeus e os próprios gregos. Após terem sido derrotados pelos persas ou partos, tomaram cuidado, com a ajuda de historiadores e geógrafos gregos, para evitar outro revés e se saíram bem pelo menos por três séculos. Levamos a nossa narrativa somente até a época de Augusto e, por isso, não se espera que saibamos o que aconteceu, para os gregos e para os romanos, quando uma nova seita bárbara resolveu pregar em grego aos gentios. Permitam-me concluir aplicando à civilização helenística as palavras sobre o protestantismo que se encontram numa conferência de Arthur Darby Nock, o grande erudito de Cambridge com quem mais aprendi sobre o meu presente tema. O helenismo, eu diria nas palavras de Nock, "tinha de se postar diante do mundo absolutamente sobre os próprios méritos, como um acordo franco e deliberado entre a tradição, ou, se preferirem, a revelação e a razão, e quando se faz tal acordo, não se pode gritar: 'Pare'" (*Essays on Religion and the Ancient World* I, p. 339).

Bibliografia Selecionada

GERAL E CAPÍTULO 1:
Os gregos e seus vizinhos no mundo helenístico

Leo, F., *Geschichte der römischen Literatur* I, Berlim, 1913.

Täubler, E., *Imperium Romanum* I, Leipzig, 1913.

Trüdinger, K., *Studien zur Geschichte der Griechisch-römischen Ethnographie,* Basiléia, 1918.

Bayet, J., "Les origines de l'arcadisme romain", *Mél. Écol. Rome,* 38, pp. 60-143, 1920.

Gsell, S., *Histoire ancienne de l'Afrique du Nord* IV, Paris, 1920.

Norden, E., *Die germanische Urgeschichte in Tacitus Germania,* Leipzig, 1920.

Holleaux, M., *Rome, la Grèce et les monarchies hellénistiques au IIIe siècle av. J.C.,* Paris, 1921.

Cichorius, C., *Römische Studien*, Berlim, 1922.

Schnabel, P., *Berossos und die babylonisch-hellenistische Literatur*, Leipzig, 1923.

Kroll, W., "Römer und Briechen", *in Studien zum Verständnis der römischen Literatur*, Stuttgart, 1924.

Uxkull-Gyllenband, W., *Griechische Kultur-Entstehungslehren*, Berlim, 1924.

Meyer, E., *Blüte und Niedergang des Hellenismus in Asien*, Berlim, 1925.

Schnayder, G., *Quibus conviciis alienigenae Romanos carpserint*, Cracóvia, 1928.

Altheim, F., *Griechische Götter im alten Rom*, Giessen, 1930.

Hoffmann, W., *Rom und die griechische Welt im 4. Jahrhundert (Philologus,* Supplbd. 27, I), Leipzig, 1934.

Schubart, W., "Die religöse Haltung des frühen Hellenismus", *in Der Alte Orient* 35, p. 2, 1937.

Fuchs, H., *Der geistige Widerstand gegen Rom in der antiken Welt*, Berlim, 1938.

Bickerman, E. J., "Sur une inscription grecque de Sidon", *Mélanges Syriens offerts à M. R. Dussaud* I, pp. 9I-9, Paris, 1939.
Norden, E., *Aus altrömischen Priesterbüchern*, Lund, 1939.
Carcopino, J., "Les origines pythagoriciennes de l'Hercule romain", *Aspects mystiques de la Rome païenne*, pp. 173-206, Paris, 1942.
Vogt, J. (org.), *Rom und Karthago*, Leipzig, 1943.
Krattinger, L., *Der Begriff des Vaterlandes im republikanischen Rom*, diss., Zurique, 1944.
Ninck, M., *Die Entdeckung von Europa durch die Grieche*, Basiléia, 1945.
Altheim, F., *Weltgeschischte Asiens im griechischen Zeitalter* I-II, Halle, 1947-8.
Mazzarino, S., *Introduzione alle guerre puniche*, Catânia, 1947.
Gagé, J., *Apollon romain*, Paris, 1955.
Lévêque, P., "Lycophronica", *Rev. Ét. Anc.* 57, pp. 36/56, 1955.
Hanell, K., "Zur Problematik der älteren römischen Geschichtsschreibung", *Histoire et historiens dans l'Antiquité*, Fondation Hardt Entretiens IV, p. 147-70, Vandoeuvres-Genebra, 1956.
Picard, G.-Ch., *Le monde de Carthage*, Paris, 1956.
Bayet, J., *Histoire politique et psychologique de la religion romaine*, Paris, 1957.
Dunbabin, T. J., *The Greeks and their Eastern Neighbours*,, Londres, 1957.
Bowra, C. M., "Melinno's Hymn to Rome", *Journ. Roman Studies* 47, pp. 21-8, 1957.
Stier, H. E., *Roms Aufstieg zur Weltmacht und die griechische Welt*, Colônia, 1957.
Badian, E., *Foreign Clientelae*, Oxford, 1958.
Drexler, H., "Iustum Bellum", *Rh. Museum* 102, pp. 97-140, 1959.
Hadas, M., *Hellenistic Culture*, Nova York, 1959.
Momigliano, A., "Atene nel III secolo a.C. e la scoperta di Roma nelle storie di Timeo di Tauromenio", *Rivista Sotirica Italiana* 71, pp. 529-50, 1959 = *Terzo Contributo*, pp. 23-53, Roma, 1966.
Heinze, R., *Vom Geist des Römertums*, 3ª ed., Darmstadt, 1960.
Latte, K., *Römische Religionsgeschichte*, Munique, 1960.
Momigliano, A., "Linee per una valutazione di Fabio Pittore", *Rend. Acc. Lincei* 15, pp. 310-20, 1960 = *Terzo Contributo*, pp. 55-68, Roma 1966.
Fraenkel, E., *Elementi Plautini in Plauto*, Florença, 1960.
Grecs et Barbares, Fondation Hardt Entretiens VIII, Vandoeuvres-Genebra, 1961.
Eddy, S. K., *The King is Dead: Studies in the Near Eastern Resistance to Hellenism 334-31 B.C.*, Lincoln, Nebrasca, 1961.
Klingner, F., *Römische Geisteswelt*, 4ª ed., Munique, 1961.
Nilsson, M. P., *Geschichte der griechischen Religion* II, 2ª ed., Munique, 1961.
Oppermann, H. (org.), *Römertum*, Darmstadt, 1962.
Knoche, U., *Vom Selbstverständnis der Römer*, Heidelberg, 1962.

Gabba, E., "Il latino come dialetto greco", *Miscellanea dí Studi Alessandrini in memoria di A. Rostagni*, pp. 188-94, Turim, 1963.
Hellegouarc'h, J., *Le vocabulaire latin des relations et des partis politiques sous la République*, Paris, 1963.
Musti, D., "Sull'idea di ouyyéveia in inscrizioni greche", *Ann. Scuola Normale Pisa* 2, 32, pp. 225-39, 1963.
Waszink, J. H., "Some Observations on the Appreciation of the 'Philosophy of the Barbarians' in Early Christian Literature", *Mélanges Christine Mohrmann*, pp. 41-56, Utrecht, 1963.
Calderone, S., *Pistis-Fides*, Messina, 1964.
Fraenkel, E., "Zur Geschichte des Wortes Fides", *Rh. Museum* 71, pp. 187-99, 1916 = *Kleine Beiträge zur klassischen Philologie* I, pp. 15-26, Roma, 1964.
Frankel, E., *Kleine Beiträge zur klassischen Philologie* II, Roma, 1964. Seel, O., *Römertum und Latinität*, 1964.
Le rayonnement des civilisations grecque et romaine sur les cultures périphériques (8e Congrès International d'Archéologie Classique, Paris 1963), Paris, 1965.
Gabba, E., "Considerazioni sulla tradizione letteraria sulle origini della Repubblica", *in Les origines de la République romaine*, Fondation Hardt Entretiens XIII, pp. 135-69, Vandoeuvres-Genebra, 1966.
Mazzarino, S., *Il pensiero storico classico* I-III, Bari, 1966.
Klein, R., *Das Staatsdenken der Pöwer*, Darwtadt, 1966.
Weische, A., *Studien zur politischen Sprache der römischen Republik*, Münster, 1966.
Wieacker, F., "Die XII Tafeln in ihrem Jahrhundert", *Les origines de la République romaine*, Fondation Hardt Entretiens XIII, pp. 293-356, Vandoeuvres-Genebra, 1966.
Will, E., *Histoire politique du monde hellénistique* I-II, Nancy, 1966-7.
Walbank, F. W., *A Historical Commentary on Polybius* I-II, Oxford, 1957-67.
Haffter, H., *Römische Politik und römische Politiker*, Heidelberg, 1967.
Oppermann, H. (org.), *Römische Wertbegriffe*, Darmstadt, 1967.
Schefold, K., *Die Griechen und ihre Nachbarn*, Berlim, 1967.
Josifovic, S., "Lykophron", *in* Pauly-Wissowa, *R. E.*, Supl. II, pp. 888-930, 1968.
Schneider, C., *Kulturgeschichte des Hellenismus* I-II, Munique, 1967-69.
Heurgon, J., *Rome et la Méditerranée Occidentale jusqu'aux gerres puniques*, Paris, 1969.
Salmon, E. T., *Roman Colonization under the Republic*, Londres, 1969.
Peters, F. E., *The Harvest of Hellenism*, Nova York, 1970.
Schlumberger, D., *LÓrient hellénisé*, Paris, 1970.
Ampolo, C., "Analogie e rapport fra Atene e Romam arcaica", *Parola del Passato* 141, pp.443-57, 1971.
Deininger, J., *Der politische Widerstand gegen Rom in Griechenland 217-86 v. Chr.*, Berlim, 1971.

Torelli, M., "Il santuario di Hera a Gravisca", *Parola del Passato* 136, pp. 44-67, 1971.

Boyancé, P., *Études sur la religion romaine*, pp. 91-152, Roma, 1972 (sobre *fides*).

Klose, P., *Die völkerrechtliche Ordnung der hellenistischen Staatenwelt in der Zeit von 280 bis 168 v. Chr.*, Munique, 1972.

Nock, A. D., *Essays on Religion and the Ancient World*, Oxford, 1972.

Timpe, D., "Fabius Pictor und die Anfänge der römischen Historio-graphe", *Aufstieg und Niedergang der römischen Welt* (org. H. Temporini) II, pp. 928-69, Berlim, 1972.

Garbarino, G., *Roma e la filosofia greca dalle origini alla fine del II secolo a.C.* I-II, Turim, 1973.

Sherwin-White, A. N., *The Roman Citizenship*, 2ª ed., Oxord, 1973.

Yaron, R., "Semitic Elements in Early Rome", *Daube Noster* (org. A. Watson), pp. 343-57, Edimburgo/Londres, 1974.

Hahn, I., "Die Hellenisierung Karthagos und die punisch-griechischen Beziehungen im 4. Jahrhundert v.u.Z.", *Hellenische Poleis* II, pp. 841-54, 1974.

Momigliano, A., *Contributo alla storia degli studi classici (e del mondo antico)* I-V, 7 vols., Roma, 1955-75.

Id., "The Fault of the Greeks", *Daedalus*, pp. 9-20, primavera de 1975.

CAPÍTULO 2:
Políbio e Posidônio

Fustel de Coulanges, N. D., *Polybe*, Amiens, 1858.

Norden, E., *Agnostos Theos*, Leipzig, 1913.

Frank, T., *Roman Imperialism*, Nova York, 1914.

Reinhardt, K., *Poseidonios*, Munique, 1921.

Mühl, M., *Poseidonios und der plutarchische Marcellus*, Berlim, 1925.

Reinhardt, K., "Poseidonios über Ursprung und Entartung", *Orient und Antike* 6, 1928.

Pasquali, G., "Cesare, Platone e Posidonio", *Studi Ital. Fil. Class. n.s.* 8, pp. 297-310, 1931 = *Pagine Stravaganti* I, pp. 332-43, Florença, 1968.

Pohlenz, M., *Antikes Fhrertum*, Leipzig, 1934.

Edelstein, L., "The Philosophical System of Posidonius", *Amer. Journ. Phil.* 57, pp. 286-325, 1936.

Wilamowitz-Moellendorff, U. von, "Athenion und Aristion", *Sitz. Berl. Akad.* 7, pp. 39-50, 1923 = *Kleine Schriften* v, I, pp. 204-19, Berlim, 1937.

Trouard, M. A., *Cicero's Attitude towards the Greeks*, Chicago, 1942.

Mioni, E., *Polibio*, Pádua, 1949.

Gigante, M., "La crisi di Polibio", *Parola del Passato* 16, (pp. 33-53, 1951.

Klotz, A., "Die Benutzung des Polybios bei römischen Schriftstellern", *Studi Ital. Filol. Class.* 25, pp. 243-65, 1951.

Ziegler, K., "Polybios", *in* Pauly-Wssowa, *R.E.* 21, 2, pp. 1440-578, 1952.

De Sanctis, G., *Storia dei Romani IV*, 2, I, Florença, 1953.
Reinhardt, K., "Poseidonios von Apameia", *in* Pauly-Wissowa, *R.E.* 22, I, pp. 558-826, 1953.
Fritz, K. von, *The Theory of the Mixed Constitution in Antiquity; a critical analysis of Plybius' political ideas*, Nova York, 1954.
De Miranda, A., "La irreligiosidad de Polibio", *Emerita* 24, pp. 27-65, 1956.
Gabba, E., *Appiano e la storia delle guerre civili*, Florença, 1956.
Schmitt, H. H., "Hellene, Römer und Barbaren. Eine Studie zu Plybios", *Wissenschaftl. Beilage zum Jahresbericht 1957-58 d. Hum. Gymnasiums Aschaffenburg*, pp. 38-48.
Heurgon, J. "The Date of Vegoia's Prophecy", *Journ. Roman Studies* 49, pp. 41-5, 1959.
Nock, A. D., "Posidonius", *Journ. Roman Studies* 49, pp. 1-15, 1959.
Cole, Th., "The Sources and Composition of Polybius VI", *Historia* 13, pp. 440-86, 1964.
Pédech, P., "Un grec à la découverte de Rome. L'exil de Polybe", *Orpheus* II, pp. 123-40, 1964.
Pédech, P., *La méthode historique de Polybe*, Paris, 1964.
Brunt, P. A., "Reflections on British and Roman Imperialism", *Comparative Studies in Society and History* 7, pp. 267-88, 1965.
Candiloro, E., "Politica e cultura in Atene da Pidna alla guerra mitridatica", *Studi Classici e Orientali* 14, pp. 134-76, 1965.
Dahlheim, W., *Deditio und Societas*, diss., Munique, 1965.
Pédech, P., "Les idées religieuses de Polybe", *Rev. Hist. Rel.* 167, pp. 35-68, 1965.
Strasburger, H., "Poseidonios on Problems of the Roman Empire", *Journ. Roman Studies* 55, pp. 40-53, 1965.
Eisen, K. F., *Polybiosinterpretationen*, Heidelberg, 1966.
Fraser, P., "The Alexandrian View of Rome", *Bull. Soc. Arch. Alexandrie* 42, pp. 1-16, 1967.
Lehmann, G. A., *Untersuchungen zur historischen Glaubwürdigkeit des Plybios*, Münster, 1967.
Musti, D., "Polibio e la democrazia", *Ann. Scuola Normale Pisa* 2, 36, pp. 155-207, 1967.
Badian, E., *Roman Imperialism in the Late Republic*, 2ª ed., Oxford, 1968.
La Penna, A., *Sallustio e la "rivoluzione" romana*, Milão, 1968.
Petzold, K. E., *Studien zur Methode des Plyhbios*, Munique, 1969.
Badian, E., *Titus Quinctius Flamininus, Philhellenism and Real-Politik*, Cincinnati, 1970.
Tejera, A. Díaz, "La constitucion politica en cuanto causa suprema en la historiografía de Polibio", *Habis* 1, pp. 31-43, 1970.
Abel, K., "Die kulturelle Mission des Panaitios", *Antike und Abendland* 17, pp. 119-43, 1971.
Brunt, P. A., *Italian Manpower, 225 B.C.-A.D. 14*, Oxford, 1971.
Meister, K., *Kritik und Polemik bei Polybios*, Habilitationsschrift Saarbrücken, 1971.

Weinstock, S., *Divus Julius*, Oxford, 1971.
Badian, E., *Publicans and Sinners*, Oxford, 1972.
Desideri, P., "L'interpretazione dell'impero romano in Posidonio", *Rend. Ist. Lombardo* 106, pp. 481-93, 1972.
Walbank, F. W., *Polybius*, Berkeley, Los Angeles, Londres, 1972.
Gabba, E. (org.), *Polybe*, Fondation Hardt Entretiens xx, Vandoeuvres-Genebra, 1974.
Bengtson, H., "Das Imperium Romanum in griechischer Sicht", *Kleine Schriften zur Alten Geschichte*, pp. 549-67, Munique, 1974.
Momigliano, A., *Polybius between the English and the Turks*, J. L. Myres Memorial Lecture, Oxford, 1974.
Gabba, E., "Storiografia greca e imperialismo romano", *Riv. Storica Ital.* 86 pp. 625-42, 1974.

CAPÍTULO 3:
Os celtas e os gregos

Bienkowski, P. von, *De simulacris Barbararum Gentium apud Romanos*, Cracóvia, 1900.
Bienkowski, P. von, *Die Darstellungen der Gallier in der hellenistischen Kunst*, Viena, 1908.
Jullian, C., *Histoire de la Gaule* 1, Paris, 1908.
Norden, E., *Die Germanische Urgeschichte in Tacitus Germania*, Leipzig, 1920.
Kendrick, T. D., *The Druids: A Study in Keltic Prehistory*, Londres, 1927.
Bienkowski, P. von, *Les Celtes dans les arts mineurs Gréco-romains*, Cracóvia, 1928.
Clerc, M., *Massalia*, Marselha, 1927-9.
Jacobsthal, P.-Neuffer, E., "Gallia Graeca", *Préhistoire* 2, pp. 1-64, 1933.
Broche, G.-E., *Pythéas le Massaliote*, Paris, 1935.
Brunel, J., "La légende de Comanus", *Rev. Philologie* 10, pp. 333-44, 1936.
Jacobsthal, P., *Early Celtic Art*, 2 vols., Oxford, 1944.
Grenier, A., *Les Gaulois*, Paris, 1945 (nova ed. com bibl. de L. Harmand, Paris, 1970).
Hubert, H., *Les Celtes depuis l'époque de La Tène et la civilisation celtique*, 2ª ed., Paris, 1950.
Mette, H. J., *Pytheas von Massalia*, Berlim, 1952.
Jonnoray, J., *Ensérune*, Paris, 1955.
Actes du colloque sur les influences helléniques en Gaule, Dijon, 1958.
Powell, T. G. E., *The Celts*, Londres, 1958.
Tierney, J. J., "The Celtic Ethnography of Posidonius", *Proceedings of the Royal Irish Academy* 60 (c), pp. 189-275, 1959-60 (com texto e tradução).
Sartori, F., "Galli Transalpini transgressi in Venetiam", *Aquileia Nostra* 31, pp. 1-40, 1960.
Villard, F., *La céramique grecque de Marseille (vi*[e]*-iv*[e] *siècle)*, Paris, 1960.

Eydoux, H. P., *La France Antique*, Paris, 1962.
Joffroy, R., *Le trésor de Vix*, Paris, 1962.
On the elegy about the Galatians (Page D., *Greek Literary Papyri* 1, p. 463): V. Bartoletti, *Studi Ital. Filol. Class.* 34, pp. 25-30, 1962; W. Richter, *Maia* 15, pp. 93-117, 1963. Peek, *ib.*, pp. 199-218.
De Vries, J., *La religion des Celtes*, Paris, 1963.
Jackson, K. H., *The Oldest Irish Tradition: A Window on the Iron Age*, Cambridge, 1964.
Benoit, F., *Recherches sur l'hellénisation du Midi de la Gaule*, Aix-en Provence, 1965.
Dion, R., "La renommée de Pythéas dans l'Antiquité", *Rev. Ét. Lat.* 43, pp. 443-66, 1965.
Piggott, S., *Ancient Europe*, Edimburgo, 1965.
Carpenter, Rhys, *Beyond the Pillars of Heracles*, pp. 143-98, Nova York, 1966.
Dion, R., "Pythéas explorateur", *Rev. Phil.* 40, pp. 191-216, 1966.
Morel, J.-P., "Les Phocéens en Occident: certitudes et hypothèses", *Parola del Passato* 108-10, pp. 378-420, 1966.
Piggott, S., *The Druids*, Londres, 1968.
Barruol, G., *Les peuples préromains du Sud-Est de la Gaule*, Paris, 1969. (*Revue Archéologique Narbonnaise*, Supl. I).
Chadwick, N., *The Celts*, Harmondsworth, 1970.
Harmand, J., *Les Celtes au Second Age du Fer*, Paris, 1970.
Hatt, J. J., *Celts and Gallo-Romans*, trad. J. Hogarth, Genebra, 1970.
Lepore, E., "Strutture della colonizzazione focea in Occidente", *Parola del Passato* 130, pp. 19-54, 1970.
Duval, P. M., *La Gaule jusqu'au milieu du* V^e *siècle* I-II, Paris, 1971.
Hansen, E. V.: A bibliography of the Gallic statues in the art of Pergamon, *in* E. V. Hansen, *The Attalids of Pergamon*, 2ª ed., pp. 496-7, Ithaca/Londres, 1971.
Mac Niocaill, G., *Ireland before the Vikings* (The Gill History of Ireland I), Dublin/Londres, 1972.
Bar-Kochva, B., "On the Sources and Chronology of Antiochus I's Battle against the Galatians", *Proceed. Cambridge Philol. Society* 199, pp. 1-8, 1973.
Kleiner, F. S., "*Gallia Graeca, Gallia Romana* and the Introduction of Classical Sculpture in Gaul", *Amer. Journ. Arch.* 77, pp. 379-90, 1973.
Markale, J., *Les Celtes*, Paris, 1973.
Clavel-Lévêque, M., "Das griechische Marseille", *Hellenische Poleis* (ed. E. Ch. Welskopf), vol. II, pp. 855-969, Berlim, 1974.
Clemente, G., *I romani nella Gallia meridionale*, Bolonha, 1974.

CAPÍTULO 4:
A descoberta helenística do judaísmo

Bernays, J., *Theophrastos' Schrift über Frömmigkeit*, Berlim, 1866.

Freudenthal, J., *Hellenistiche Studien* 1-2, Breslau, 1875.

Willrich, H., *Juden und Griechen vor der Makkabäischen Erhebung*, Göttingen, 1895.

Reinach, Th., *Textes d'auters grecs et romains relatifs au Judaïsme*, Paris, 1895.

Schürer, E., *Geschichte des jüdischen Volkes im Zeitalter Jesu Christi* I-III, 4ª ed., Leipzig, 1901-9 (o primeiro volume está atualizado em uma tradução inglesa, Edimburgo, 1973).

Daiches, S., *The Jews in Babylonia in the Time o f Ezra and Nehemiah*, Londres, 1910.

Peters, N., *Das Buch Jesus Sirach oder Ecclesiasticus*, Münster, 1913.

Böhl, F. M. Th., "Die Juden im Urteil der griechischen und römischen Schriftsteller", *Thcolog. Tijdschrift* 48, pp. 371-89, 473-98, 1914.

Pfister, F., "Eine jüdische Gründungsgeschichte Alexandrias", *Stiz. Ak. Heidelberg,* no. II, 1914.

Hill, G. F., *A Catalogue of the Greek Coins of Palestine*, Londres, 1914.

Norden, E., "Jahve und Moses in hellenistischer Theologie", *Festgabe A. v.Harnack*, pp. 292-301, Tübingen, 1921 = *Kleine Schriften*, pp. 276-85, Berlim, 1966.

Büchler, A., "Ben Sira's Conception of Sin and Atonement", *Jew. Quart. Rev.* N.S. 13, pp. 303-35, 461-502, 1922-3; 14, pp. 53-83, 1923-4.

Schlatter A., *Geschichte Israels von Alexander d.Gr. bis Hadrian*, 3ª ed., Stuttgart, 1925.

Täubler, E., *Tyche*, Leipzig, 1926.

Bousset, W., *Die Religion des Judentums im späthellenistischen Zeitalter*, 3ª ed., Tübingen, 1926.

Lévy, I., *La légende de Pythagore de Grèce en Palestine*, Paris, 1927.

Heinemann, I., "Antisemitismus", *in* Pauly-Wissowa, *R.E.*, Supl. v, pp. 3-43, 1931.

Lewy, H., "Hekataios von Abdera περὶ 'Ιουδαίων', *Zeitschr. Neut. Wiss.* 31, 117-32, 1932.

Leipoldt, J., *Antisemitismus in der Alten Welt*, Leipzig, 1933.

Sellers, O., *The Citadel of Beth Zur*, Filadélfia, 1933.

Bertram, G., "Der Hellenismus in der Urheimat des Evangeliums", *Archiv für Religionsw.* 32, pp. 265-81, 1935.

Rankin, O. S., *Israel's Wisdom Literature*, Edimburgo, 1936.

Lewy, H., "Aethiopier und Juden in der antiken Literatur", *Monats schrift Gesch. Wiss. Judentums* 81, pp. 65-71, 1937.

Pfeiffer, R. H., "Hebrews and Greeks before Alexander", *Journ. Bibl. Liter.* 56, pp. 91-101, 1937.

Lewy, H., "Aristotle and the Jewish Sage", *Harv. Theol. Rev.* 31, pp. 205-35, 1938.

Braun, M., *History and Romance in Graeco-Oriental Literature*, Oxford, 1938.

Jaeger, W., "Greeks and Jews", *Journ. Religion* 18 pp. 127-43, 1938 = *Scripta Minora*, II, pp. 169-83, Roma, 1960.

Dornseiff, F., *Echtheitsfragen antik-griechischer Literatur*, Berlim, 1939.

Schneider, C., "Die griechischen Grundlagen der hellenistischen Religions geschichte", *Arch. Religionswiss.* 36, pp. 300-47, 1939.

Heinemann, I., "The Attitude of the Ancient World towards Judaism", *Rev. Religion* 4 pp. 385-400, 1940.

Kroll, W., "Phokylides", *in* Pauly-Wissowa, *R.E.* 20, I, pp. 503-10, 1941.

Liebermann, S., *Greek in Jewish Palestine*, Nova York, 1942.

Finkelstein, L., "Pre-Maccabean Documents in the Passover Haggadah", *Harv. Theol. Rev.* 36, pp. 1-38, 1943.

Marcus, R., "Antisemitism in the Hellenistic-Roman World", *in* K. S. Pinson (org.), *Essays on Antisemitism*, 2ª ed., pp. 61-78, Nova York, 1946.

Reifenberg, A., *Ancient Jewish Coins*, 2ª ed., Jerusalém, 1947.

Täubler, E., "Jerusalem 201 to 199 B.C.E. On the history of a messianic movement", *Jew. Quart. Rev.* 37, pp. 1-30, 125-37, 249-63, 1946-7.

Hölscher, G., "Drei Erdkarten. Ein Beitrag zur Erderkenntnis des hebräischen Altertums", *Sitz. Heidelb. Akad.*, 34,3, 1948.

Heichelheim, F. M., "Ezra's Palestine and Periclean Athens", *Zeitschr. Relig. Geistesgesch.* 3,pp. 251-3, 1951.

Cardascia, G., *Les Archives des Mursau*, Paris, 1951.

Driver, G., *Aramaic Documents of the Fifth Century B.C.*, Oxford, 1954.

Cadbury, H. J., "The Grandson of Ben Sira", *Harv. Theol. Rev.* 48, pp. 219-25, 1955.

Pritchard, J. B. (org.), *Ancient Near Eastern Texts*, 2ª ed., Princeton, 1955, (Sup. 1969).

Loewe, R., "The Earliest Biblical Allusion to Coined Money", *Palest. Expl. Quart.* 87, pp. 141-50, 195..

Katz, P., "The Old Testament Canon in Palestine and Alexandria", *Zeitschr. Neut. Wiss.* 47, pp. 191-217, 1956.

Tcherikover, V. A.-Fuks, A. *Corpus Papyrorum Judaicarum* I, Cambridge, Mass., 1957.

Mazar, B., "The Tobiads", *Israel Exploration Journal* 7, pp. 137-45, 229-38, 1957.

McCown, C. C., "The Araq el-Emir and the Tobiads", *The Biblical Archaeolgist* 20, pp. 63-76, 1957.

Lewis, D. M., "The First Greek Jew", *Journ. Semit. Studies* 2, pp. 264-6, 1957.

Smith, M., "The Image of God: Notes on the Hellenization of Judaism", *Bull. John Rylands Library* 40, pp. 473-512, 1957-8.

Gutman, Y., *The Beginnings of Jewish Hellenistic Literature* I-II, Jerusalém, 1958-63 (em hebraico).

Tcherikover, V., *Hellenistic Civilization and the Jews*, Filadélfia, 1959.

Schunck, K. D., "Drei Seleukiden im Buche Kohelet?", *Vetus Testam.* 9, pp. 192-201, 1959.

Rudolph, W., *Vom Buch Kohelet*, Münster, 1959.

Dornseiff, F., *Kleine Schriften* I: *Antike und Alter Orient*, 2ª ed., Leipzig, 1959.

Feldman, L. H., "The Orthodoxy of the Jews in Hellenistic Egypt", *Jewish Social Studies* 22, pp. 215-37, 1960.
Auerbach, E., "Der Aufstieg der Priesterschaft zur Macht im alten Israel", *Vet. Test. Stud.* 9, pp. 236-49, 1962.
Kerenyi, K., *Die griechisch-orientalische Romanliteratur*, 2ª ed., Darm stadt, 1962.
Naveh J., "The Excavations at Mesad Hashavyahu", *Israel Exploration Journal* 12, pp. 89-113, 1962.
Bickerman, E. J., *From Ezra to the Last of the Maccabees*, Nova York, 1962.
Liebermann, S., *Hellenism in Jewish Palestine*, 2ª ed., Nova York, 1962.
Schaller, B., "Hekataios von Abdera über die Juden", *Zeitschr. Newtest. Wiss.* 54, pp. 15-31, 1963.
Yoyotte, J., "L'Égypte ancienne et les origines de l'antijudaïsme", *Rev. Hist. Rel.* 163, pp. 133-43, 1963.
Cross, F. M., "The Discovery of the Samaria Papyri", *The Biblical Archaeologist* 26, 110-21, 1963.
Speiser, E. A., *Genesis* (Anchor Bible), Nova York, 1964.
Gottwald, N. K., *All the Kingdoms of the Earth: Israelite Prophecy and International Relations in the Ancient Near East,* Nova York, 1964.
Eissfeldt, O., *Einleitung in das Alte Testament*, 3ª ed., Tübingen, 1964.
Zeitlin, S., *The Rise and Fall of the Judaean State* I, Filadélfia, 1964.
Sisti, A., "Riflessi dell'epoca premaccabaica nell'Ecclesiastico", *Riv. Bibl.* 12, pp. 215-56, 1964.
Galling, K., *Studien zur Geschichte Israells im persischen Zeitalter*, Tübingen, 1964.
Loretz, O., *Qohelet und der Alte Orient,* Freiburg/Basiléia/Viena, 1964.
Walter, N., "Frühe Begegnungen zwischen jüdischem Glauben und hellenistischer Bildung in Alexandrien", *in* E. Ch. Welskopf (org.), *Neue Beiträge zur Geschichte der Alten Welt* I, pp. 367-78, Berlim, 1964.
Liftshitz, B., "L'Hellénisation des Juifs de Palestine", *Rev. Bibl.* 72, pp. 520-38, 1965.
Musti, D., "Lo Stato dei Seleucidi", *Studi Classici e Orientali* 15, pp. 61-197, 1966.
Cross, F. M., "Aspects of Samaritan and Jewish History in Late Persian and Hellenistic Times", *Harv. Theol. Rev.* 59, pp. 201-11, 1966.
Bickerman, E. J., *Four Strange Books of the Bible*, Nova York, 1967.
Nikiprowetzky, V. "Temple et Communauté", *Rev. Ét. Juiv.* 126, pp. 7-25, 1967.
Nikiprowetzky, V., "Le Nouveau Temple", *ib.* 130, pp. 1-30, 1971.
Kanael, B., "Altjüdische Münzen", *Jahrb. üur Numism.* 17, pp. 159-298, 1967.
Auscher, D., "Les relations entre la Grèce et la Palestine avant la conquête d'Alexandre", *Vetus Testamentum* 17, pp. 8-30, 1967.
Goodenough, E., *Jewish Symbols in the Greco-Roman Period*, 13 vols., Nova York, 1953-68 (entre os debates, observe-se: E. Bickerman, *Syria*, 44, pp. 131-61, 1967).

Fischel, H. A., "Studies in Cynicism and the Ancient Near East: the transformation of a *Chria*", *Religions in Antiquity. Essays E. R. Goodenough*, pp. 372-411, Leide, 1968.

Robert, L., *Fouilles d'Aï Khanoum* I, pp. 207-37, Paris, 1973 = *C. R. Acab. Inscr.*, pp. 416-57, 1968.

Porten, B., *Archives from Elephantine*, Berkeley, 1968.

Ackroyd, P. R., *Exile and Restoration*, Londres, 1968.

Delling, G., *Bibliographie zur jüdisch-hellenistischen und intertestamenttarischen Literatur 1900-1965*, Berlim, 1969.

Gager, J. G., "Pseudo-Hecataeus Again", *Zeitschr. Neutest. Wiss.* 60, pp. 130-9, 1969.

Weinberg, S. S., "Post-Exilic Palestine. An Archaeological Report", *Proceedings of the Israel Academy* 4, pp. 78-97, 1969-70.

Riis, P. J., *Sukas I. The North-East Sanctuary and the First Settling of Greeks in Syria and Palestine*, Copenhague, 1970.

Ackroyd, P. R., *Israel under Babylon and Persia*, Oxford, 1970.

Preuss, H. D. *Verspottung fremder Religionem im Alten Testament,* Stuttgart, 1971.

Smith, M., *Palestinian Parties and Politics that Shaped the Old Testament*, Nova York, 1971.

Grelot, P., *Documents araméens d'Egypte,* Paris, 1972.

Brock, S. P., "The Phenomenon of the Septuagint", *Oudtestam. Studiën* 17, pp. 11-36, 1972.

Forkman, G., *The Limits of the Religius Community*, Lund, 1972.

Gager, J. G., *Moses in Greco-Roman Paganism*, Nashville, 1972 (cf. a resenha de M. Stern, *Anglican Theological Review* 55, pp. 94-8, 1973).

Hengel, M., *Judentum und Hellenismus*, 2ª ed., Tübingen, 1973 (trad. inglesa: Londres, 1974).

Brau, R., *Kohelet und frühhellenistische Populärphilosophie*, Berlim, 1973.

Naveh, J., "Some Semitic Epigraphical Considerations on the Antiquity of the Greek Alphabet", *Amer. Journ. Archacol.* 77, pp. 1-8, 1973.

Hanson, P. D., "Zechariah 9 and the Recapitulation of an Ancient Ritual Pattern", *Journ. Bibl. Lit.* 92, pp. 37-58, 1973.

Stern, M. e O. Murray, "Hecataeus of Abdera and Theophrastus on Jews and Egyptians", *Journ. Egypt. Arch.* 59, pp. 159-68, 1973.

Smitten, W. Th. in der, "Historische Probleme zum Kyrosedikt und zum Jerusalemer Tempelbau von 515", *Persica* 6, pp. 167-78, 1974.

CAPÍTULO 5:
Os gregos, os judeus e os romanos de Antíoco III a Pompeu

Geffcken, J., *Kompositon und Entstehungszeit der Oracula Sibyllina*, Leipzig, 1902.

Charles, R. H., *The Book of Enoch*, Oxford, 1912.

Burkitt, F. C., *Jewish and Christian Apocalypses*, Londres, 1914.
Heinemann, I., "Poseidonios über die Entwicklung der jüdischen Religion", *Monatsschrift Gesch. Wiss. Judentums* 63, pp. 113-21, 1919.
Meyer, E., *Ursprung und Anfänge des Christentums* I-III, Stuttgart, 1921-3.
Thackeray, H. St John, *The Septuagint and Jewish Worship*, Londres, 1923.
Willrich, H., *Urkundenfälschung in der hellenistisch-jüdischen Literatur*, Göttingen, 1924.
Kolbe, W., *Beiträge zur syr. und jüdischen Geschichte*, Stuttgart, 1926.
Kittel, G., *Die Probleme des palästinischen Spätjudentums und das Urchristentum*, Stuttgart, 1926.
Bickerman, E. J., "Ritualmord und Eselskult", *Monatsschrift Gesch. Wiss. Judentums* 71, pp. 171-87, 255-64, 1927.
Charles, R. H., *A Critical and Exegetical Commentary on the Book of Daniel*, Oxford, 1929.
Moore, G. F., *Judaism in the First Centuries of the Christian Era: the age of the Tannaim* I-III Cambridge, Mass., 1927-30.
Bickerman, E. J., "Zur Datierung des Pseudo-Aristeas", *Zeitschr. Neut. Wiss.* 29, pp. 280-98, 1930.
Momigliano, A., *Prime linee di storia della tradizione Maccabaica*, Turim, 1931 (reimpressão com nova bibl. Amsterdã, 1966).
Lagrange, M. J., *Le Judaïsme avant Jésus Christ*, Paris, 1931.
Bickerman, E. J., "Ein Jüdischer Festbrief vom Jahre 124 v. Chr.", *Zeitschr. Neut. Wiss.* 32, pp. 233-54, 1933.
Volz, P., *Die Eschatologie der jüdischen Gemeinde im neutestamentlichen Zeitalter*, Tübingen, 1934.
Ginsburg, M. S., "Sparta and Judaea", *Class. Philo.* 29, pp. 117-22, 1934.
Bickerman, E. J., "La Charte Séleucide de Jérusalem", *Rev. Ét. Juives* 100, pp. 4-35, 1935.
Bickerman, E. J., "Un document relatif à la persécution d'Antiochos IV Épiphane", *Rev. Hist. Religions* 115, pp. 188-223, 1937.
Loewe, H. (org.), *Judaism and Christianity*, II *The Contact of Pharisaism with Other Cultures*, Londres, 1937.
Bickerman, E. J., *Der Gott der Makkabäer*, Berlim, 1937.
Heinermann, I., "Wer veranlasste den Glaubenszwang der Makkabäerzeit?", *Monatsschrift Gesch. Wiss. Judentums* 82, pp. 145-72, 1938.
Bickerman, E. J., "Sur une inscription grecque de Sidon", *Mélanges Syriens offerts à M. R. Dussaud* I, pp. 91-9, Paris, 1939.
Swain, J. W., "The Theory of the Four Monarchies", *Classical Philology* 35, pp. 1-21, 1940.
Torrey, C. C., "The Letters Prefixed to Second Maccabees", *Journ. Am. Orient. Soc.* 60, pp. 119-50, 1940.
Peretti, A., *La Sibilla babilonese nella propaganda ellenistica*, Florença, 1943.
Bickerman, E. J., "Héliodore au temple de Jérusalem", *Ann. Inst. Phil. Hist. Orient. Slav.* 7, pp. 5-40, 1939-44.

Torrey, C. C., "The Older Book of Esther", *Harv. Theol. Rev.* 37, pp. 1-4, 1944.

Bickerman, E. J., "The Colophon of the Greek Book of Esther", *Journ. Bibl. Liter.* 63, pp. 339-62, 1944.

Bickerman, E. J., "Une proclamation séleucide relative au temple de Jérusalem", *Syria* 25, pp. 67-85, 1946-8.

Abel, F.-M., "Hellénisme et orientalisme en Palestine au déclin de la période séleucide", *Rev. Bibl.* 53, pp. 385-402, 1946.

Kahle, P., "Die Septuaginta. Prinzipielle Erwägungen", *O. Eissfeldt Festschrift*, pp. 161-80, Halle, 1947.

Seeligmann, I. L., *The Septuagint Version of Isaiah*, Leide, 1948.

Abel, F.-M., *Les Livres des Maccabées*, Paris, 1949.

Pfeiffer, R. H., *History of New Testament Times*, Nova York, 1949.

Bickerman, E. J., "The Date of the Testaments of the Twelve Patriarchs", *Journ. Bibl. Liter.* 69, pp. 245-60, 1950.

Spiro, A., "Samaritans, Tobiads and Judahites in Pseudo-Philo", *Proceed. Amer. Acad. Jewish Research* 20, pp. 279-355, 1951.

Bickerman, E. J., "Notes on the Greek Book of Esther", *Proceed. Amer. Acad. Jewish Research* 20, pp. 101-33, 1951.

Bickerman, E. J., "Sur la chronologie de la sixième Guerre de Syrie", *Chronique d'Égypte* 27, pp. 396-403, 1952.

Bickerman, E. J., "La Chaîne de la tradition pharisienne", *Revue Biblique* 59 pp. 44-54, 1952.

Bentzen, A., *Daniel*, 2ª ed., Tübingen, 1952.

Bammel, E., "Zum jüdischen Märtyrerkult", *Theolog. Literaturz.* 78, pp. 119-26, 1953.

Ackroyd, P. R., "Criteria for the Maccabean Dating of O.T. Literatura", *Vetus Testam.* 3, pp. 113-32, 1953.

Norden, E., "Das Genesiszitat in der Schrift vom Erhabenen", *Abh. Berl. Akad.*, no. I, 1954, = *Kleine Schriften*, pp. 286-313, Berlim, 1966.

Stein, S., "The Liturgy of Hanukkah and the First Two Books of Maccabees", *Journ. Jewish Studies* 5, pp. 100-6, 148-55, 1954.

Lévy, I., "Les deux Livres des Maccabées et le Livre Hébraique des Hasmonéens", *Semitica* 5, pp. 15-36, 1955.

Farmer, W., *Maccabees, Zealots and Josephus*, Nova York, 1956.

Mowinckel, S., *He that cometh*, Oxford, 1956.

Tcherikover, V., "The Ideology of the Letter of Aristeas", *Harv. Theol. Rev.* 51, pp. 59-85, 1958.

Cross, F. M., *The Ancient Library of Qumrân*, Londres, 1958.

Testuz, M., *Les idées religieuses du Livre des Jubilés*, Genebra, 1960.

Muilenburg, J., "The Son of Man in Daniel and the Ethiopic Apocalypse of Enoch", *Journ. Bibl. Lit.* 79, pp. 197-209, 1960.

Stern, M., "The Death of Onias III", *Zion* 25, pp. 1-16, 1960 (hebraico).

Smith, M., "The Dead Sea Sect in Relation to Ancient Judaism, *New Testament Studies* 7, pp. 347-60, 1960-1.

Kreissig, H., "Der Makkabäeraufstand. Zur Frage seiner sozialökonomischen Zusammenhänge und Wirkungen", *Studii Classice* 4, pp. 143-75, 1962.

Yadin, Y., *The Scroll of the War of the Sons of Light against the Sons of Darkness*, Oxford, 1962.
Wright, . E., "The Samaritans at Shechem", *Harv. Theol. Rev.* 55, pp. 357-66, 1962.
Kocsis, E., "Ost-West Gegensatz in den Jüdischen Sibyllen", *Nov. Testam.* 5, pp. 105-10, 1962.
Giblet, J., "Eupolème et l'historiographie du Judaïsme hellénistique", *Ephem. Theol. Lovan.* 39, pp. 539-54, 1963.
Jaubert, A., *La Notion d'alliance dans le judaïsme aux abords de l'ère chrétienne*, Paris, 1963.
Wacholder, B. Z., "Pseudo-Eupolemus' Two Greek Fragments on the Life of Abraham", *Hebrew Union College Anual* 34, pp. 83-113, 1963.
Tcherikover, V., "Was Jerusalem a 'Polis'?", *Israel Explor. Journal* 14, pp. 61-78, 1964.
Walter, N., *Der Thoraausleger Aristobulos*, Berlim, 1964.
Russell, D. S., *The Method and Message of Jewish Apocalyptic, 200 B.C.-A.D. 200*, Londres, 1964.
Portcous, N. W., *Daniel. A Commentary*, Londres, 1965.
Burchard, Chr., *Untersuchungen zu Joseph und Aseneth*, Tübingen, 1965.
Lévy, I., *Recherches esséniennes et pythagoriciennes*, Genebra/Paris, 1965.
Walter, N., "Zu Pseudo-Eupolemos", Klio 43-5, pp. 282-90, 1965.
Morkholm, O., *Antiochus IV of Syria*, Copenhague, 1966.
Cardauns, B., "Juden und Spartaner", *Hermes* 95, pp. 317-24, 1967.
Murray, O., "Aristeas and Ptolemaic Kingship", *Journ. Theol. St.* 18, pp. 337-71, 1967.
Arenhoevel, D., *Die Theokratie nach dem 1. und 2. Makkabäerbuch*, Mogúncia, 1967.
Philonenko, Marc, *Joseph et Aséneth. Introduction, texte critique, traduction et notes*, Leide, 1968.
Vermès, G., *The Dead Sea Scrolls in English*, Harmondsworth, 1968.
Baer, Y., "The Persecution of Monotheistic Religion by Antiochus Epiphanes", *Zion 33*, pp. 101-24, 1968 (hebraico).
Osten-Sacken, P. von der, *Die Apokalyptik in ihrem Verhältnis zu der Prophetie und Weisheit*, Munique, 1969.
Larcher, C., *Études sur le Livre de la Sagesse*, Paris, 1969.
Denis, A.-M., "Héraclès et ses cousins de Judée", *Hommages M. Delcourt*, pp. 168-78, Bruxelas, 1970.
Stern, M., "Strabo on Jews", *G. Alon Memorial Volume*, p. 169-91, Telavive, 1970 (hebraico).
Black, M., *Apocalypsys Henochi Graece*; A.-M. Denis, *Fragmenta Pseud-epigraphorum quae supersunt graeca*, Leide, 1970.
Nikiprowetzky, V., *La troisième Sibylle*, Paris, 1970.
Lebram, J. C. H., "Apokalyptik und Hellenismus im Buche Daniel", *Vetus Testam.* 20, pp. 503-24, 1970.
Kippenberg, H. G., *Garizim und Synagoge*, Berlim, 1971.
Delcor, M., *Le Livre de Daniel*, Paris, 1971.

Schalit, A., "Die Denkschrift der Samaritaner an König Antiochos Epiphanes", *Annual Swedish Theological Institute* 8, pp. 131-83, 1970-1.
Neusner, J., *The Rabbinic Traditions about the Pharisees before 70* I-III, Leide, 1971.
Noack, B., *Spätjudentum und Heilsgeschichte*, Stuttgart, 1971.
Hanson, P. D., "Jewish Apocalyptic against its Near Eastern Environment", *Rev. Bibl.* 78, pp. 31-58, 1971.
Howard, G. E., "The Letter of Aristeas and Diaspora Judaism", *Journ. Theol. Sutdies* N.S. 22, pp. 337-48, 1971.
Bunge, J. G., *Untersuchungen zum sweiten Makkabäerbuch*, Bonn, 1971.
Meinhold, A., "Die Geschichte des Sinuhe und die Alttestamentliche Diasporanovelle", *Wiss. Zeitschrift Univ. Greifswald* 20, pp. 227-81, 1971.
Giovannini, A.-Müller, H., "Die Beziehungen zwischen Rom und den Juden im 2. Jh. v. Chr.", *Museum Helveticum* 28, pp. 156-71, 1971.
Moraldi, L., *I Manoscritti di Qumran*, Turim, 1971.
Flusser, D., "The Four Empires in the Fourth Sibyl and in the Book of Daniel", *Israel Oriental Studies* 2, pp. 148-75, 1972.
Places, E. des, "Le Dieu Incertain des Juifs", *Journ. Savants*, pp. 289-94, 1973.
Middendorp, T., *Die Stellung Jesu Ben Siras swischen Judentum und Hellenismus*, Leide, 1973.
Collins, John J., "The Provenance of the Third Sibylline Oracle", *Bull. Institute Jewish Studies* 2, pp. 1-18, 1974.
Timpe, D., "Der römische Vertrag mit den Juden von 161 v. Chr.", *Chiron* 4, pp. 133-52, 1974.
West, S., "Joseph and Asenath", *Class. Quart.* N.S. 24, pp. 70-81, 1974.
Stern, M., *Greek and Latin Authors on Jews and Judaism* I, Jerusalém, 1974.
Momigliano, A., "The Second Book of Maccabees", *Classical Philology* 70, pp. 81-91, 1975.

CAPÍTULO 6:
Iranianos e gregos

Clemen, C., *Fontes historiae religionis Persicae*, Bonn, 1920.
Clemen, C., *Die griechischen und lateinischen Nachrichten über die persische Religion*, Giessen, 1920.
Rostovtzeff, M., *Iranians and Greeks in South Russia*, Oxford, 1922.
Götze, A., "Persische Weisheit in griechischem Gewande", *Zeitschrift für Indologie und Iranistik* 2, pp. 60-98, 167-77, 1923.
Reitzenstein, R. e H. H. Schaeder, *Studien zum antiken Synkretismus*, Leipzig, 1926.
Reitzenstein, R., *Die hellenistischen Mysterienreligionen*, 3ª ed., Leipzig, 1927.
Reitzenstein, R., "Plano und Zarathustra", *Vorträge der Bibliothek Warburg, 1924-5*, pp. 20-37, Leipzig, 1927 (*in Antike und Christentum*, pp. 20-37, Darmstadt, 1963).

Windisch, H., "Die Orakel des Hystaspes", *Verhand. Akad. Wetensch.* 28, p. 3, 1929.
Christensen, A., *Die Iranier, in Kulturgeschichte des Alten Orients* (Handbuch der Altertumswissenschaft III, 1.3), p. 203-310, Munique, 1933.
Christensen, A., *L'Iran sous les Sassanides*, 2ª ed., Copenhague, 1936.
Bidez, J.-Cumont, F., *Les Mages Hellénisés* I-II, Paris, 1938.
Benveniste, E., *Les Mages dans l'ancien Iran*, Paris, 1938.
Herzfeld, E., *Iran in the Ancient East*, Londres/Nova York, 1941.
Kerschensteiner, J., *Platon und der Orient*, Stuttgart, 1945.
Bidez, J., *Eos, ou Platon et l'Orient*, Bruxelas, 1945.
Richter, G., "Greeks in Persia", *Am. Journ. Arch.* 50, pp. 15-30, 1946.
Festugière, A. J., "Platon et l'Orient", *Rev. Philologie* 21, pp. 5-45, 1947.
Mazzarino, S., *Tra Oriente e Occidente*, Florenza, 1947.
Cameron, G. G., *Persepolis Treasury Tablets*, Chicago, 1948 (cf. *Journ. Near Eastern Studies* 17, pp. 161-76, 1958; *ib.* 24, pp. 167-92, 1965.
Duchesne-Guillemin, J., *Zoroastre*, Paris, 1948.
Bloch, J., *Les inscriptions d'Asoka, traduites et commentées*, Paris, 1950.
Goossens, G., "Artistes et artisans étrangers en Perse sous les Achéménides", *La Nouvelle Clio* 1-2, pp. 32-44, 1949-50.
Koster, W. J. W., *Le mythe de Platon, de Zarathustra et des Chaldéen*, Leide, 1951.
Tarn, W. W., *The Greeks in Bactria and India*, 2ª ed., Cambridge, 1951.
Schlumberger, D., "L'argent grec dans l'empire achéménide", *in Mémoires de la Délégation Archéologique Française en Afghanistan* 14, pp. 3-64, 1953.
Festugière, A. J., *La Révélation d'Hermès Trismégiste* I-IV, Paris, 1944-54.
Ghirshman, R., *Iran from the Earliest Times to the Islamic Conquest*, Harmondsworth, 1954.
Zaehner, R. C., *The Teachings of the Magi*, Londres, 1956.
Osten, H. H. von der, *Die Welt der Perser* (Grosse Kulturen der Frühzeit"). Stuttgart, 1956.
Duchesne-Guillemin, J., *The Western Response to Zoroaster*, Oxford, 1958.
Nenci, G., *Introduzione alle guerre persiane*, Pisa, 1958.
Harmatta, J., "Irano-Aramaica. (Zur Geschichte des frühhellenistischen Judentums in Ägypten)", *Acta Antiqua* 7, pp. 337-409, 1959.
Bausani, A., *Persia Religiosa*, Milão, 1959.
Widengren, G., *Iranisch-Semitische Kulturbegegnung in Parthischer Zeit*, Colônia, 1960.
Broadhead, H. D., *The Persae of Aeschylus*, Cambridge, 1960.
Zaehner, R. C., *The Dawn and Twilight of Zoroastrianism*, Londres, 1961.
Wardman, A. E., "Herodotus on the Cause of the Greco-Persian Wars", *Amer. Journ. Phil.* 82, pp. 133-50, 1961.
Somigliana, Ada, *Monismo Indiano e Monismo Greco nei frammenti di Eraclito*, Pádua, 1961.
Duchesne-Ghillemin, J., *La religion de l'Iran ancien*, Paris, 1962.
Altheim, F.-Stiehl, R., *Die aramäische Sprache unter den Achaimeniden*, Frankfurt, 1963.

Dandamaev, M. A., *Iran pri pervych Achemenidach*, Moscou, 1963.
Smith, M., "II Isaiah and the Persians", *Journ. Amer. Orient. Soc.* 83, pp. 415-21, 1963.
Frye, R. N., *The Heritage of Persia*, Londres, 1963.
Burkert, W., "Iranisches bei Anaximandros", *Rh. Mus.* 106, pp. 97-134, 1963.
Lochner-Hüttenbach, F., "Brief des Königs Darius an den Satrapen Gadatas", *in* W. Brandenstein-M. Mayrhofer, *Handbuch des Altpersischen*, pp. 91-8, Wiesbaden, 1964.
Wilson, R. McL., *The Gnostic Problem*, 2ª ed., Londres, 1964.
Widengren, G., *Die Religionem Irans*, Stuttgart, 1965.
Le Rider, G., *Suse sous les Séleucides et les Parthes*, Paris, 1965.
Merkelbach, R., "Die Kosmogonie der Mithrasmysterien", *Eranos-Jahrbuch* 34, pp. 219-57, 1965.
La Persia e il mondo Greco-Romano, Accademia dei Lincei, Roma, 1966.
Walser, G., *Die Völkerschften auf den Reliefs von Persepolis*, Berlim, 1966.
Pugliese Carratelli, G., "Greek Inscriptions of the Middle East", *East and West* 16, pp. 31-6, 1966.
Akurgal, E., *Orient und Okzident. Die Geburt der griechischen Kunst*, Baden-Baden, 1966.
Schwanbeck, E. A. (org.), *Megasthenis Indica*, Amsterdã, 1966.
Woelk, D., *Agatharchides von Knidos über das Rote Meer*, Bamberg, 1966.
Lasserre, F., *Die Fragmente des Eudoxos von Knidos*, Berlim, 1966.
Colledge, M. A. R., *The Parthians*, Londres, 1967.
Nylander, C., "*Assyria grammata*. Remarks on the 21st 'Letter of Themistokles'", *Opuscula Atheniensia* 8, pp. 119-36, 1968.
Hölscher, U., *Anfängliches Fragen. Studien zur frühen griechischen Philosophie*, Göttingen, 1968.
Stern, S. M. *Aristotle on the World State*, Oxford, 1968.
Altheim, F.-Rehork, J. (org.), *Der Hellenismus in Mittelasien* (Wege der Forschung 91), Darmstadt, 1969.
Schmidt, E. F., *Persepolis* I-III, Chicago, 1953-70.
Fischer, Th., *Untersuchungen zum Partherkrieg Antiochos VII*, diss., Munique, 1970.
Altheim, F.-Stiehl, R., *Geschichte Mittelasiens im Altertum*, Berlim, 1970.
Bielawski, J.-Plezia, M., *Lettre d'Aristote à Alexandre*, Varsóvia, 1970.
Gnoli, G., "Manichaeismus und Persische Religion", *Antaios* II, pp. 274-92, 1970.
Kahn, C. H., "On Early Greek Astronomy", *Journ. Hellen. Stud.* 90, pp. 99-116, 1970.
Nylander, C., *Ionians in Pasargadae*, Uppsala, 1971.
Kienast, D., "Philipp II. von Makedonien und das Reich der Achaimeniden", *Abhandl. der Marburger Gelehrten Gesellschaft*, 1971, 6 (1973).
West, M. L.. *Early Greek Philosophy and the Orient*, Oxford, 1971.
Walser, . (org.), *Beiträge zur Achämenidengeschichte* (*Historia*, Einzelschr. 18), Wiesbaden, 1972.

Burkert, W., *Lore and Science in Ancient Pythagoreanism*, Cambridge, Mass., 1972.
Wes, M. A., "Quelques remarques à propos d'une lettre d'Aristote à Alexandre", *Mnemosyne* 4, 25, pp. 261-95, 1972.
Gordon, R. L., "Mithraism and Roman Society", *Religion* 2, pp. 92-121, 1972.
Drews, R., *The Greek Accounts of Eastern History*, Cambridge, Mass., 1973.
The Place of Astronomy in the Ancient World, British Academy, Londres, 1974.
Metzger, H. et alii, "La stèle trilingue récemment découverte au Létôon de Xanthos", *Comptes Rendus Acad. Inscript.*, pp. 82-93, 115-25, 132-49, 1974.

ACRÉSCIMOS BIBLIOGRÁFICOS (1978)

CAPÍTULOS 1-2:

Bickerman, E. J., "Origines gentium", *Class. Philology* 47, pp. 65-81, 1952.
Flores, E., *Letteratura latina e ideologia del III-II sec. a.C.*, Nápoles, 1974.
Sordi, M. (org.), *Storiografia e propaganda*, Milão, 1975.
Gabba, E., "Dionigi e la Storia di Roma arcaica", *Actes du IXe Congrès Association G. Budé*, pp. 218-29, Paris, 1975.
La filosofia greca e il diritto romano, Quaderno 221 Accademia Lincei, Roma, 1976.
Gozzoli, S., Polibio e Dionigi d'Alicarnasso", *Studi Classici e Orientali*, 25, pp. 149-76, 1976.
Assimilation et résistance à la culture gréco-romaine, Travaux VIe Congrès Intern. Études Classiques, Paris, 1976.
Nicolet, C., *Le métier de citoyen dans la Rome républicaine*, Paris, 1976.
Wardman, A., *Rome's Debt to Greece*, Londres, 1973.
Hurst, A., "Sur la date de Lycophron", *Mélanges P. Collart*, pp. 231-5, Lausanne, 1976.
Gabba, E., "Sulla valorizzazione politica della leggenda delle origini troiane di Roma fra III e II sec. a.C.", *in* Sordi, M. (org.), *I Canali della propaganda nel mondo antico,* pp. 84-101, Milão, 1976.
Walbank, f. W., "Polybius' lost Ten Books", *Historiographia Antiqua*, pp. 139-62, Louvain, 1977.
Petzold, K.-E., "Kylos und Telos im Geschichtsdenken des Polybios", *Saeculum* 28, pp. 253-90, 1977.
Gabba, E., "Aspetti culturali dell'Imperialismo Romano", *Athernaeum* 55, pp 49-74, 1977.
von Fritz, K., "Poseidonios als Historiker", *Historiographia Antique*, pp 163-93, Louvain, 1977.

Jocelyn, H. D., "The ruling class of the Roman Republic and Greek philosophers", *Bull. John Rylands Univ. Library* 59, pp 323-66, 1977.
Gozzoli, S., "Etnografia e politica in Agatarchide", *Athenaeum* 56, pp 54-79, 1978.

CAPÍTULO 3:

Dirkzwager, A., *Strabo, Ueber Gallia Narbonensis*, Leide, 1975.
Nash, Daphne, "Reconstructing Poseidonios' Celtic ethnography: some considerations", *Britannia* 7, pp 110-26, 1976.
Ebel, Ch., *Transalpine Gaul, the Emergence of a Roman Province*, Leide, 1976.
Duval, P.-M., *Les Celtes*, Paris, 1977.

CAPÍTULOS 4-5:

Maier, J. e J. Schreiner (orgs.), *Literatur und Religion des Frühjudentums*, Würzburg, 1973.
Wacholder, B. Z., *Eupolemus. A Study of Judaeo-Greek Literature*, Cincinnati, 1974.
Collins, J. J., *The Sibylline Oracles of Egyptian Judaism*, Missoula, 1974.
Christianity, Judaism and Other Greco-Roman Cults. Studies for Morton Smith, vol III: *Judaism before* 70, Leide, 1975.
Sevenster, I. N., *The Roots of Pagan Anti-Semitism in the Ancient World*, Leide, 1975.
Hengel, M., *Juden, Griechen und Barbaren*, Stuttgart, 1976.
Smallwood, E. M., *The Jews under Roman Rule*, Leide, 1976.
Habicht, Chr., 2. *Makkabäerbuch*, Gütersloh, 1976.
Momigliano, A., "The date of the First Book of Maccabees", *Mélanges J. Heurgon*, pp. 657-61, Paris, 1976.
Bickerman, E., *Studies in Jewish and Christian History* I, Leide, 1976.
Gauger, J.-D., *Beiträge zur jüdischen Apologetik*, Colônia/Bonn, 1977.
Habicht, Chr., "The Royal Letters on Maccabees, II", *Harv. Stud. Class. Philol.* 80, pp. 1-18, 1976.
Smith, M., "Rome and the Maccabean conversions", *Donum Gentilicium... D. Daube*, Oxford, pp. 1-7, 1978.
Millar, F., "The background to the Maccabean revolution", *Journ. Jewish Stud.* 29, pp. 1-21, 1978.

CAPÍTULO 6:

Starr, Ch. G., "Greeks and Persians in the fourth century", *Iranica Antiqua* II, pp. 39-99, 1975.

Mansfeld, J., *The Pseudo Hippocratic Tract* περὶ εβδομάδων, Assen, 1971 (cf. H. Diller, *Anzeiger f. Altertumswiss.* 29, pp. 187-92, 1976).
Bellen, H., "Der Rachegedanke in der griechisch-persischen Auseinandersetzung", *Chiron* 4, pp. 43-67, 1974.
Turcan, R., *Mithras Platonicus: Recherches sur l'hellénisation philosophique de Mithras*, Leide, 1975.
Metzler, D., "Beobachtungen zum Geschichtsbild der frühen Achämeniden", *Klio* 57, pp. 443-59, 1975.
Walser, G., "Zum griechisch-persischen Verhältnis vor dem Hellenismus", *Hist. Zeitschr.* 220, pp. 529-42, 1975.
Lewis, D. M., *Sparta and Persia*, Leide, 1977.
Brown, T. S., "Suggestions for a Vita of Ctesias of Cnidus", *Historia* 27, pp. 1-19, 1978.

A respeito da lenda sobre Alexandre (p. 77) cf. as observações do editor crítico *in* F. Pfister, *Kleine Schriften zum Alexanderroman*, Meisenheim a. G., 1976, p. 80.

Índice Onomástico